JN410477

착한 거짓말이 물어다 준 행복

한인숙 산문집

착한 거짓말이 물어다 준 행복

글 한인숙 | 그림 박해정

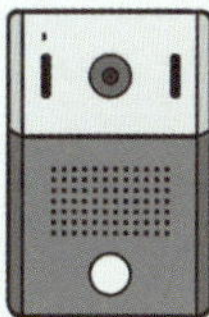

문학의전당

작가의 말_

거리의 풍경이 바뀌듯 사람들의 행보에도 가을이 묻어난다. 직립의 서정을 제멋대로 연출하며 노랗게 물든 나무에서 화석이 될 시간을 헤아려 본다. 연둣빛 작은 몸짓으로 봄을 불러들이며 거리를 환하게 밝히던 새순들이며 잎이 무성해지기도 전 하루가 멀다하고 쏟아지던 폭우에 부러진 가지 추스르며 이젠 은행나무만의 내력으로 가을을 익히고 있다.

그 거리를 걸으며 삶의 단서를 찾는다. 세상을 사랑한다는 건 가슴에 담아야 할 사연이 많기 때문이며 노란 현기증에 발목이 잡히는 건 그만큼 사랑했다는 증거다. 유리문 안으로 몰려드는 햇살과 푸른 잡담을 섞어 마시던 커피와 포장마차에서 굽던 전어 그리고 통기타와 저음의 노래가 어울리는 그런 삶을 열망했다.

인생은 썰물과 밀물 그 이상도 이하도 아니며 달의 날짜를 누가 더 잘 읽어내느냐가 삶이 어디에 놓일지 결정된다는 흰소리를 지렛대처럼 여겼는지도 모른다. 시절들이란 고단하다. 고단함을 단속하기 위해 커피를 마시고 볼륨 높여 음악을 듣고 건성으로 책장을 넘기는 사이에도 푸른 것들을 반납한 나무는 뿌리로 깊어질 것이고 나는 또 다른 무엇을 하기 위해 기웃거릴 것이다.

구름이 옮겨가는 자리로 바람은 이동할 것이고 새로운 이야기를 찾아 기억의 층들을 캐내고 또 단속하고 그렇게 계절을 실종시키며 삶의 순간순간을 지켜갈 것이다.

판도라 상자를 연다. 오래도록 묵혀두었던, 꽁꽁 숨겨두었던 상자를 열어 세상의 빛을 쪼이기로 했다. 살아온 흔적들을 세상에 던지면 홀가분해질 수 있을까 하는 망설임도 있지만 용기를 내본다.

부끄러운 이 글들은 젊은 날 치열하게 살아온 날들에 대한 기록이며 내 삶에 동행인 그대들에 대한 이야기들이다. 더러는 즐겁고 더러는 눈물짓게 하지만 반딧불이 잡아 어둠 밝히며 밤이슬에 젖도록 수다 떨던 그 시절을 소환해본다.

태어나 30년은 부모님께 의지해 살았고 또 30년은 아내로, 엄마로, 며느리로, 딸로 살았으니 남은 30년은 나를 위한 삶을 살아야겠다고 마음먹는다. 조금은 이기적이어도 괜찮다고 다독이며 오늘을 기록한다.

2021년 10월

한인숙

차례_

제2부
자신을 섬길 줄 알아야 한다

제3부
나무는 가지 끝에서 계절을 연다

제4부
진심을 다하면 통한다

제1부

문은 두드릴 때 열린다

문을 열다

우리는 살면서 수없이 많은 문을 열고 닫는다. 아침에 눈뜨면 방문을 열고 화장실을 열고 현관문을 열면서 하루를 시작한다. 방문을 열고 가족과 하루가 시작되고 현관문을 열고 나오면서 세상과의 소통이 시작된다.

몸살 기운이 있어 병원에 갔다. 회전문에 들어서면서 잠시 긴장이 된다. 둥근 원 안으로 들어섰는데 회전하던 문이 멈추면서 순간 당황했고 뒤에 있던 사람이 문을 밀자 회전문은 돌기 시작했다. 아마 혼자였다면 어찌할 줄 몰라 했을 것이다. 별것도 아닌데 익숙하지 않은 것은 두려움을 갖게 된다.

우리는 많은 문을 접하고 산다. 어릴 때는 마당 넓은 집의 사립문을 열었고 청소년기에는 자물쇠를 채우는 문을 사용했으며 지금은 번호나 지문인식 혹은 카드를 대면 열리는 디지털 도어록을 많이 사용한다.

시대의 흐름에 따라 문도 다양한 형태로 발전을 거듭하며 편리함을 추구하고 있다. 특히 공동주택의 생활이 급격히 늘면서 공동 현관문도 거주자의 도움이 없이는 출입이 곤란하다. 입주민의 안전한 생활을 보호하기 위한 제도이기도 하지만 우리네 삶이 그만큼 팍팍해졌음이기도 하다.

우리 자랄 때는 아침에 일어나면 대문 먼저 열어젖히고 마당과 골목을 쓸면서 하루를 시작했다. 주인이 들일을 나가거나 외출해서 집을 비울 때는 대문을 지긋이 닫아두면 이웃에서 넘겨다보며 살펴주곤 했다. 지금과는 사뭇 다른 표정의 문이다.

문이 없어도 문이 있고 문이 있어도 문이 없는 그런 형식적인 문이었다. 이른 저녁 초승달이 내려와 지긋이 싸리문을 더듬기도 했고 늦은 귀가를 들키지 않으려는 언니의 발걸음을 알아챈 동생이 슬며시 열어놓던 문이다.

이렇게 세상의 문이 열리고 우리는 그 문 안으로 들어서기 위해 안간힘을 쓴다. 명문대학의 문을 열기 위해 십 대의 열정과 청춘을 바쳤지만 문 밖에서 서러움을 토해내며 재기를 꿈꾸기도 한다. 그리고 취업의 문턱을 넘지 못해 실의에 빠지기도 한다.

수없이 열고 닫는 문에서 인생의 진로가 바뀌고 선택의 폭이 달라지며 삶 전체가 달라진다. 우리가 두드린 수없이 많은 문들, 전진과 후퇴를 반복하며 문고리를 잡곤 한다. 손에 달라붙어 잘 떨어지지 않는 동지섣달 살얼음 든 문고리와 싸우기도 하고 손 댈 일 없이 열리는 회전문의 유혹에 망설이기도 한다.

제주도를 여행하다 보면 드물게 정낭이 남아 있는 곳이 있다. 대문

대신 정주석과 정낭을 설치해서 사용했는데 구멍이 세 개 뚫린 정주석을 마당 양옆에 세우고 기다란 나무를 구멍에 끼우는데 이것을 정낭이라고 한다.

정낭 한 개를 걸쳐 놓으면 주인이 잠깐 외출한 것으로 금방 돌아오겠다는 뜻이고 두 개가 걸쳐져 있으면 오랜 시간 외출한다는 의미이며 세 개를 모두 걸쳐 놓으면 출타 중으로 그날은 돌아오지 않는다는 의미를 담고 있다. 세 개가 모두 걸쳐 있으면 이웃이 가축을 돌봐주거나 집을 살펴봐 달라는 의미이기도 하다. 참으로 정겨운 풍습으로 조상의 지혜와 이웃 간의 신뢰와 믿음을 느끼게 한다.

지금은 대문을 열어놓고 살기보다는 이웃에 누가 사는지도 모르고 사는 경우가 많다. 공동주택은 현관문을 열고 들어가면 그만이다. 대부분 맞벌이로 밖에서 활동하는 시간이 길어지고 이웃 간의 화합보다는 개인적인 사생활을 중시하다 보니 공동생활에 큰 문제가 발생하기 전에는 대화를 하거나 소통하기가 어렵다.

알림장도 대부분 공동게시판을 이용하고 경비원을 통해서 의사 표시를 하게 된다. 문이 서로의 문이기보다는 나만 편하면 그만인 문이 되어가고 있다. 그러다 보니 마음의 문도 닫혀가고 있다. 대화가 단절되고 타인의 접근을 두려워하거나 망설이게 된다.

인생의 문도 마찬가지다. 부모를 선택해서 세상의 문을 열고 나오는 것은 아니지만 출생부터 신분이 달라 열 수 있는 문이 다른 경우도 있다. 끊임없는 노력과 의지로 문턱을 넘어선다 해도 그 문은 견고하고 높아서 그만큼의 대가를 치르고서야 한통속이 되는 문도 있어 상대적 박탈감을 주기도 한다.

몇 해 전 앞집에 변고가 생겼다. 새벽녘 다투는 소리에 잠을 깼는데 먼동이 틀 무렵 덜거덕거리는 소리가 났다. 혼자 생각으로 공동주택 살면서 예의도 없이 이 새벽에 무슨 살림을 내가나 싶어 그냥 무시했다. 수시로 부부싸움을 하는 듯해서 그러려니 한 것도 있다. 그러고 삼사 일 후 앞집 새댁의 사망 소식을 들었다.

새벽녘에 심장마비가 와서 119에 실려 갔는데 끝내 소생하지 못하고 사망했다고 한다. 가슴이 덜컹했다. 새벽녘에 덜컹거리던 소리가 그녀가 실려 나가는 소리였다. 앞집이 이사 온 지 얼마 되지 않아 그저 눈인사 정도만 하던 사이였지만 막상 사고가 생겼다니 오랫동안 그녀의 모습이 지워지지 않았다.

그녀에겐 유치원생 아들이 있었다. 그 상실감이 얼마나 컸을지 안타까웠다. 할머니가 오셨고 겉으로 보기엔 평온해 보였다. 조금 더 살다가 앞집은 이사를 갔다. 두어 걸음 문을 맞대고 살면서도 누가 사는지 무슨 일이 일어나는지도 모르고 사는 세상이다. 문의 거리보다 더 무서운 것은 굳게 닫힌 마음의 문이다. 서로 간섭하지 않고 그냥 내 울타리 안에서 나만, 우리만 산다.

예전에는 반상회도 하고 이웃 간의 모임도 있어 가끔 얼굴 보고 살았는데 지금은 사다리차가 오고 이삿짐이 실려 나가면 몇 층이 이사가나 보다, 그 집에 누가 오나 보다 하면 그만이다.

문 열기가 버거워 사람과 소통하기보다는 혼자 즐길 수 있는 놀이방법을 선택하게 된다. 기성세대의 이런 변화에 따라 아이들 또한 혼자 즐기는 법을 터득해가고 있다. 세상 밖은 위험하니 울타리 안에서 안전하게 생활하기를 주문한다.

열린 문이 아닌 닫힌 문에서 유아기나 청소년기를 보내고 사회에 나왔을 때 이들 또한 닫힌 문을 선호하게 되고 그 안에서 평온을 얻게 될 것이다. 문은 두드릴 때 열리고 열릴 때 환해진다. 마음의 문을 활짝 열고 세상과 소통해 보자. 오월 장미가 꽃 문을 활짝 열고 세상을 환하게 비추는 것처럼 각자의 자리에서 자신의 문을 열고 문을 두드려 보자.

건망증

깨를 볶는다. 구수함이 물 위로 둥둥 떠다닌다. 누릇누릇하게 볶인 깨를 몇 번이고 헹궈내며 조리로 건망증도 함께 걸러낸다.

얼마 전 수확한 깨를 깨끗이 씻어 말려 두었는데 깨를 볶으려고 찾아보니 서랍장에서 나온다. 이상하다 싶었지만 무심코 깨를 볶았다. 고소한 냄새가 진동하는 깨를 손으로 으깨어 적당히 볶은 후 용기에 담았다.

통깨로 사용할 목적이었기 때문에 깨소금을 만들지는 않았다. 입맛이 없다며 국수를 비벼먹자 하기에 국수를 삶아 비빈 후 낮에 볶아놓은 깨를 넉넉히 넣었다. 맛있게 국수를 먹던 남편이 국수가 으적거린다며 수저를 놓는다.

괜찮은데 뭐가 으적거린다고 식사를 하다 마느냐고 퉁명스럽게 한마디 했다. 좀 까칠한 식성이라 투정 부리나 싶어 신경을 안 썼던 것도 사실이다. 김치를 냉장고에 넣다 보니 냉장고 한 켠에 볶지 않은 깨가 있다. 아차 이건 또 뭔가 싶어 정신이 번쩍 들었다,

곰곰 생각해보니 낮에 볶은 깨는 봄에 파종하고 남은 참깨가 창고에

있어 들여다 놓은 것이었는데 씻어 말려놓은 참깨와 양이 비슷하여 잘못 볶은 것이다. 파종하고 남은 씨앗이다 보니 흙도 섞였을 테고 으적거리는 것은 당연했다.

이걸 어쩌나 싶어 궁리했다. 아깝지만 그냥 버려야 하나, 다시 씻으면 고소함이 다 없어지는 건 아닌가 하루를 고민하다 차마 버릴 수 없어 다시 씻기로 했다. 물에 담그니 가라앉아야 할 깨가 모조리 떠올랐다. 조리로 떠오른 것들을 먼저 건져내고 흙과 이물질을 걸러냈다. 흙과 모래가 꽤 많이 가라앉았다. 몇 번을 씻은 후 다시 볶았다. 이미 볶았던 깨라 불에 닿으니 고소한 냄새가 진동을 했고 젖었던 깨에 물기가 걷히면서 허연색이 되살아났다.

누릇누릇하고 고소한 냄새도 진동하니 얼마나 더 볶아야 할지 가늠이 되지 않았다. 검은깨를 볶을 때는 검은깨 속에 흰깨를 조금 섞어서 흰깨가 누릇누릇하게 볶여지는 것을 보면서 검은깨가 잘 볶였는지 확인한다는 어머니의 말씀이 떠올랐다. 팔순의 노모도 이런 실수는 하지 않으시겠지 싶어 씁쓸했다.

볶은 깨를 다시 씻어 볶으면서 내 건망증도 함께 볶았다. 톡톡 튀어 오르는 깨가 내 젊은 날의 팔팔함 같았다. 삼십 대까지만 해도 웬만한 전화번호나 가정의 대소사 심지어는 이웃집 행사까지도 기억해낼 정도로 총기가 좋았는데 어느새 옛말이 되어버렸다.

부지런히 베란다에 가서는 왜 베란다에 왔는지 몰라 다시 돌아서고 냉장고 문을 열고 서서 뭘 찾던 중인지 생각하고 물건을 잘 둔다고 둬

놓고는 몇 날 며칠 찾아 헤매는 일이 다반사다.

아직 그렇게 깜빡거릴 나이는 아닌데 도대체 무슨 생각을 하고 사는지 내 머리는 자주 형광등이 되곤 한다. 메모하지 않으면 돌아서면 잃어버린다. 내 안에 너무 많은 공해를 담고 살아서일까 아니면 적당히 생각하고 행동하는 습관이 들어서일까. 머잖아 나의 가장 강력한 적은 건망증이 될 것이다.

고소함은 덜 하겠지만 두 번 볶은 깨를 먹을 때마다 다시는 이런 일이 있어서는 안 된다며 스스로에게 다짐을 구하지만 언젠가는 다짐을 구하는 마음조차 잃어버릴까 두려움이 앞선다. 희끗해진 머리에 염색약을 바르면 다시 까매지듯 구멍 난 정신을 가다듬어 세월 앞에 당당히 맞설 수 있는 힘과 지혜를 구해야겠다.

작목반

하늘은 높고 들판은 화려하다. 눈을 돌리는 곳마다 어느 한 곳 아름답지 않은 곳이 없다. 누렇게 익어 고개 숙인 나락이며 발갛게 익어가는 감 그리고 바람이 빗어 내린 듯 정갈한 갈대까지 가을의 정취가 고스란히 묻어난다. 자주 내린 가을비로 축축해진 틈을 타 채마밭도 한결 풍성하다. 배추는 통이 들어차기 시작했고 더디게 성장하던 콩도 제법 통통해졌다. 호박이 꽉 찬 속을 담금질하는 틈을 타 여기저기서 수확을 서두르는 손길로 들녘이 분주하다.

우리 작목반도 오늘 고구마 수확을 했다. 어제 비가 내려 고구마를 캘 수 있을지 걱정했는데 다행히 땅이 질지 않아 작업을 했다. 포클레인으로 들썩여 꺼내놓으면 고구마 수염을 정리하여 박스에 담는다. 기계가 투입되고 작업하는 인원이 열 명이나 되니 쉬울 줄 알았는데 생각만큼 속도가 나지 않았다. 밤고구마인데 줄기가 무성하고 수염이 많아서 작업이 더뎠고 일하는 시간보다 참 먹는 시간이 더 많았다. 남자들이 뭔 수다가 그리 많은지 막걸리 한 잔 먹는 데도 시간이 오래 걸렸다. 해도 짧아졌고 오후에 작업을 시작한 만큼 서둘러야 오늘 내로 끝낼 수 있는데 태평하기만 했다.

그래도 그 모습과 우정이 정겹다. 한 친구가 땅 천 평방미터를 친구들에게 내주고 농사를 짓자고 했다. 필요한 작물을 심어서 함께 수확하자는 제의를 했고 열 명의 친구들이 작목반을 구성해서 고구마와 땅콩 그리고 배추와 고추 등 밭작물을 심었다. 주말이면 모여서 풀도 뽑고 막걸리도 먹으며 우정을 나눈다. 작업이 있는 날이면 서로서로 간식을 준비해 온다. 말하지 않아도 챙겨오는 먹을거리로 늘 풍성하다. 조금 별난 것이 있으면 작목반을 집합시키고 대부분의 친구들이 한달음에 달려온다.

농사는 핑계고 나이 들어가면서 얼굴 한 번이라도 더 보고 즐겁게 살자는 데 의미를 두고 있다. 육십을 목전에 두고 건강하고 아름답게 사는 사람들이다. 서로 욕심내지 않고 챙겨주고 염려해주는 모습이 참 보기 좋다. 바닷가에서 해산물 사왔다고 부르고, 산에 가면 버섯 따왔다고 부르고, 심심하니 삼겹살이나 구워 먹자고 부르고, 날 궂으니 빈대떡이나 굽자고 부른다. 평소 가깝게 지내던 친구들이지만 작목반을 함께하면서 이렇게 더 가까워졌다.

중·고등학교 동창생이다 보니 주제도 다양하다. 어릴 적 방앗간 집 사연이며 누구네 아버지가 짐자전거에 돼지를 두 마리씩 싣고 다닌 이야기, 담뱃가게 아들이 담배를 가져오면 뒷산에서 나눠 핀 이야기 등 불량기가 묻어나는 추억을 안사람 눈치 힐끔힐끔 살펴가며 무용담처럼 쏟아내곤 한다. 나이 먹을수록 친구가 좋다는 말을 실감나게 하는 사람들이다. 한 줄기에 대롱대롱 매달린 호박 같기도 하고 구멍 숭숭 뚫린 배춧잎 같기도 한 수다를 끝도 없이 풀어낸다.

작물 중 가장 많이 심은 것이 고구마다. 고구마는 열 줄 심어서 한 사람이 한 줄 정도 수확할 수 있게 했다. 말이 한 줄이지 이랑이 길어서 꽤 많은 양이다. 올여름 가뭄과 폭염치고는 고구마가 제법 잘 들어서 수확이 쏠쏠하다. 겨우내 먹어도 다 못 먹을 양이다. 어떤 놈은 아기 주먹만 하고 어떤 놈은 어른 팔뚝만큼 굵고 길다. 한 줄기에 묵직하도록 고구마를 매달고 땅 위로 올라오는 놈이 있는가 하면 양심도 없이 줄기만 한 무더기 매달고 나오는 놈도 있다.

한날한시에 같은 밭에 심은 고구마도 이렇게 양도 모양도 크기도 다른 것을 보면 신기하기도 하고 사람살이나 식물이나 참 오묘하다. 술 먹는 팀과 일하는 팀이 자연스레 나뉘었다. 하루에 다 끝내지 못할까 걱정했는데 다행히 어둡기 전에 작업이 끝났다. 수확한 고구마를 분배하고 함께 저녁 식사를 하면서 행복했다.

무엇보다 땅을 내준 친구에게 감사했다. 멍석을 펴준 덕분에 열 명의 친구들이 어울려 한 판 재미나게 놀았다. 작목반이라는 이름도 생겼고 우정을 다져가는 모습이 아름답다. 누군가의 배려가 큰 행복과 기쁨을 준다. 힘든 작업으로 몸은 고단하지만 마음은 어느 때보다 즐겁다.

착한 거짓말이 물어다 준 행복

세상에서 제일 맛있는 스파게티를 먹었다. 시큼하면서 치즈가 쭉쭉 늘어나는 스파게티를 젓가락으로 국수 먹듯 한입 가득 먹었다. 혀가 느끼는 맛을 뒤로하고 볼이 터지도록 꾸역꾸역 밀어 먹었다. 스파게티는 젓가락으로 먹는 것이 아니고 포크로 돌돌 말아 천천히 맛을 음미해 가면서 먹어야 한다는 핀잔을 무시한 채 그냥 내 맘대로 먹었다.

세상에서 처음 먹어보는 맛이다. 어떤 맛하고도 비교할 수 없는 미묘한 맛이다. 근심스런 표정으로 입에 안 맞으면 그만 먹으라는 딸애를 쳐다보면서 차마 수저를 놓을 수가 없어 먹고 또 먹었다. 맛이 어떠냐고 묻는 아이에게 스파게티를 많이 먹어보지 않아서 어떤 맛이 진짜 맛인지 모른다고 대답하려다가 아이의 정성을 생각해서 정말 맛있는 것 같다고 했다.

딸아이의 작품이다. 며칠째 스파게티 만들어준다고 벼르더니 시장을 보고 한참을 주방에서 뚝딱거린다. 인스턴트가 아닌 정통의 맛을 보여주겠다며 온갖 정성을 들여 맛깔스럽게 내놓은 요리다. 겉보기엔 먹음직스럽게 차려놓은 식탁이었지만 막상 한입 먹는 순간 정신이 번

쩍 들었다.

시큼털털하고 느끼하고 양파는 어석거린다. 스파게티 한번 먹고 콜라 한 모금 마시면서 최대한 행복하고 맛있는 표정으로 먹는 연기를 했다. 안절부절못하며 그만 먹으라고 성화하던 아이가 마침내 접시를 빼앗아 갔다.

맛있게 잘 먹었다고 다음에 또 해달라고 하니 다음엔 좀 더 연구하여 정말 맛있게 해주겠다며 먹어줘서 고맙다는 아이의 표정이 밝고 자신감이 느껴졌다. 맛있다는 엄마의 말이 거짓말인지 알면서도 요리에 자신감이 생겼다며 또 해보고 싶다는 아이를 보면서 말의 힘을 느낀다.

평소 제 방 청소도 안 하고 집에 오면 뒹굴기만 하는 딸이다. 제발 청소 좀 하라고 성화하면 치우는 시늉만 하고는 그만이다. 한번은 작정을 하고 딸내미를 잡았다. 일주일에 한 끼라도 식사를 준비하라고 주문했다. 메뉴는 알아서 정하고 무엇이 됐든 상차림을 하라고 했다.

표정이 굳어진 아이의 눈에서 닭똥 같은 눈물이 뚝뚝 떨어졌다. 마치 준비해놨던 것처럼 눈물을 흘리며 싫다고 거부했다. 나는 그 나이에 시집가서 아이를 낳았다고 하자 본인은 시집도 안 갈 것이며 엄마가 해주는 음식을 먹는 게 좋다며 눈이 퉁퉁 붓도록 서럽게 울었다.

시집을 가든 안 가든 그건 나중 문제고 기본 요리를 배워두면 언제든 도움이 될 것 아니겠느냐는 말에도 서럽게 울기만 한다. 어이가 없었다. 별말 한 것도 아닌데 오히려 당황한 쪽은 나였다.

아침에 바쁘게 출근하느라 설거지를 못하고 나갔는데 늦은 저녁 퇴

근해오니 개수대가 가득했다. 아침 설거지에 라면 끓여먹은 것까지 그대로 쌓여 있었다. 순간 화가 치밀고 야속도 했다. 저도 사람이고 나도 사람인데 어쩌면 저걸 그대로 놔뒀는지. 저렇게 키워서 뭐하나 싶은 생각에 한마디 한 것이 오히려 마음만 불편하게 됐다.

서럽다고 우는 아이와 우는 게 더 야속해서 짜증나는 나. 언젠가는 꼭 하고 싶었던 말을 벼르고 별러 한 것이다. 타지에서 직장생활 하다 보니 집에 오면 편하게 쉬게 하고 먹고 싶다는 음식은 웬만하면 해주면서 키운 것이 문제였는지도 모른다. 그렇게 옆구리 찔러 얻어먹은 음식이니 눈물겨운 스파게티다. 딸아이 입장에서도 작정하고 만든 음식일 게다.

같은 말이라도 표현과 방법에 따라 상처가 되거나 힘이 된다. 살면서 상처를 가장 많이 주는 사람도 가족이고 힘이 되는 사람도 가족이다. 그만큼 믿는 사람에게서 혹은 내 편이라고 믿었던 아니 믿고 싶었던 사람에게서 느끼는 실망감 때문인지도 모른다.

무심코 던진 말 한마디가 화를 부르고 나는 무슨 말을 했는지 기억도 못하는데 상대방에게는 상처가 되어 오래도록 가슴앓이를 한다. 특히 부모자식간은 더 그러하다. 칭찬은 속으로 하고 야단은 겉으로 하는 부모를 자식은 이해하지 못한다. 야단을 치면 더 잘할 거라는 생각과는 달리 이래도 야단맞고 저래도 야단맞으니 될 대로 되라는 식이다. 조금 잘했으면 많이 칭찬하고 야단칠 일은 가급적 줄여서 해야 하는데 일상에서는 그와 반대로 칭찬에 인색하다.

가족은 된장찌개 한 냄비만 푸짐하게 끓여내도 맛있게 먹어준다. 설령 입맛에 맞지 않더라도 세상에서 제일 맛있는 식사를 했다며 위로해주는 것이 가족이다. 그날 딸아이가 해준 스파게티를 먹으며 내가 했던 것처럼 착한 거짓말이 물어다 준 행복은 오래 남는다.

살면서 권태로울 때 문득 상대의 뒤꿈치도 보기 싫어질 때 '오늘은 당신이 멋져 보이네.' 하고 던지는 착한 거짓말 한마디로 시작하는 하루가 한결 산뜻하게 않겠는가. 서로에게 힘이 되는 말, 그것이 착한 거짓말이라도 아끼지 말아야 한다.

교차로

바람이 바람을 몰고 거리를 달린다. 바람의 방향을 읽지 못한 은행잎들 좌충우돌 분주하고 갑자기 몰아치는 추위에 인파로 북적이던 거리가 한산한 저물녘이다.

차량 통행량이 많은 사거리에 거동이 불편한 노인이 횡단보도를 건넌다. 한 걸음 한 걸음 떼어놓기가 힘겹다. 신호등은 녹색에서 적색등으로 바뀌는데 노인은 횡단보도의 절반도 건너지 못했다. 경적을 울리는 차량과 길의 중간에 갇힌 노인, 위험한 상황이다.

달리는 차량 틈에서 어쩔 줄 몰라 하는 모습을 바라보던 한 청년이 차량 사이를 뚫고 노인 곁으로 다가가 노인을 부축했다. 길 한복판에서 다음 신호가 바뀔 때까지 노인을 안전하게 보호하던 젊은이는 신호가 바뀌자 노인을 업고 횡단보도를 빠져나왔다.

젊은이의 행동이 다정하고 자연스러워 보여 혹여 가족인가 했는데 전혀 모르는 사람이라고 했다. 노인은 병원에 다녀오는 길이라며 고맙다는 인사를 거듭했고 젊은이는 이내 자리를 떴다.

그 모습을 보면서 가슴이 뭉클해졌다. 얼마나 아름다운 광경인가.

따라가서 차 한잔하자고 말하고 싶은 것을 망설이다 기회를 놓쳤다. 그 광경이 머릿속을 떠나지 않았고 저녁 내내 행복했다.

우리 주변에 저렇게 멋지고 건실한 젊은이가 있다는 것이 얼마나 고마운 일인가. 고령화 사회가 되다 보니 노인이 부쩍 많아졌고 복지며 의료 등이 사회적 문제로 대두되고 있다. 홀로 사는 노인이 적지 않다. 자식에게 짐이 되느니 오히려 혼자 사는 것이 홀가분하다는 분들도 있다. 갖은 고생해서 유학 보내놓으니 외국에서 자리를 잡아 아예 한국에는 들어오지도 않고 연락조차 끊고 사는 자식들도 있다. '품 안에 자식'이라는 말을 새삼 느끼게 되는 요즘이다.

이런 문제가 누구네 집만의 문제는 아닌 것 같다. 가끔 모임 자리에서 노후에 어떻게 살 것인가 하는 화두를 가지고 토론하다 보면 결론은 뜻 맞는 사람끼리 모여 살자는 이야기가 주를 이룬다. 자식 믿지 말고 문학하는 사람끼리 모여서 서로 의지하면서 아웅다웅 살면 오히려 서로에게 부담도 없고 잘사는 비결이라고 이구동성 말한다.

어쩌면 그것이 현실적인 대안인지도 모른다. 자신을 책임지는 생을 사는 것을 최종 목표로 삼을 때 고령화 사회를 극복해나가는 방법이 될 수도 있다. 어르신들과 대화하다 보면 자식한테 절대 올인 하지 말고 노후준비를 잘하라는 말을 자주 듣게 된다.

아직은 실감나지 않지만 육십 대가 되면 지혜롭게 판단하고 행동해야 할 때이기도 하다. 자식 집 장만에, 혼사에 모든 것 다 내주고 텅텅

빈 노후만 남으면 자식은 가난한 부모를 부담스러워한다. 내 몫의 노후는 스스로 책임질 줄 아는 준비가 필요하다.

효, 불효의 문제를 떠나 제 몫의 삶만 살아도 다행이다. 맞벌이로 인해 제 자식도 부모의 손을 빌려야 하는 세상이다. 부모가 돌봐주지 않으면 아이 갖는 일을 미뤄야 한다고 한다.

혼자 벌어서는 살기 힘들고 그렇다고 직장 내 육아시설이 잘 되어 있는 것도 아니니 직장과 육아를 병행하기는 힘든 실정이다. 제도가 변하여 남자도 육아휴가를 낼 수 있고 아빠가 육아를 하는 경우도 보지만 현실적으로 쉽지 않다.

상황이 이렇다 보니 '할빠, 할마'라는 신조어가 생기기도 하고 육아를 도맡은 부모세대들은 뒤늦은 육아로 몸살을 앓고 있다. 손자를 돌봐주는 것은 즐겁고 행복하지만 몸이 따라 주지 않기 때문에 힘들고 고통스러워한다. 무엇보다 꼼짝 못하고 아이들에게 매여 있는 것이 싫다고 한다.

마음 같아선 내 자식 다 키웠으니 노후에는 여행도 하고 맛있는 음식 먹고 친구들과 어울려 즐겁게 살고 싶은데 내 욕심만 내다 보면 자식이 힘겨워하고 아예 출산 자체를 꺼려하기도 하니 여가를 찾을 수 없는 현실이다.

나 역시도 너희 자식은 너희가 알아서 키워야 한다고 말은 하지만 막상 상황이 닥치면 외면하기는 어려울 듯싶다. 가정마다 비슷한 경우

일 거다. 이런저런 이유로 출산율이 떨어지면 머잖아 노인만 넘쳐나는 고령화 사회가 될 게 뻔하다.

이미 농어촌에는 젊은이가 드물고 아이 울음소리를 언제 들어봤는지 기억도 나지 않는다고 한다. 우리 자랄 때는 한 해에 몇 명씩 아이가 태어나고 마당에 금줄이 쳐졌다. 두 살 터울로 낳은 자식이 집집마다 예닐곱은 되었으니 마을은 아이들로 넘쳐났고 시끌벅적했었다.

많은 형제 틈에서 동생들 돌보며 싸우기도 하고 나누는 법도 배우며 부모에 효도하는 법, 서로서로 양보하고 배려하는 법을 몸으로 터득하며 살았다. 자연이 놀이터이고 학습장이었는데 요즘은 한두 자녀만 생산하다 보니 적당히 이기적이고 적당히 자기중심적인 사람으로 성장하게 된다.

컴퓨터 게임 등 기계가 친구이고 어울려 놀기보다는 혼자 노는 법이 익숙한 세상으로 변하는 만큼 부작용이 따른다. 혼밥, 혼술 등 혼자 생활하는 문화로 바뀌어간다. 외롭고 고독한 문화다.

환경에 따라 사는 모습도 달라지지만 급격히 변하는 현실에서 제대로 살기란 쉽지가 않다. 학교는 인성보다는 성적에 따라 평가되고 사회 또한 사람 됨됨이보다는 스펙을 우선하니 안팎으로 경쟁의 연속에서 젊은이들이 주변을 둘러보면서 살기란 힘들 거라는 안타까움도 있다. 요즘 젊은이들은 왜 이러느냐고 탓하기에 앞서 기성세대가 반성하고 각성해야 한다.

옷깃을 여미게 하는 추운 날 우연히 만난 젊은이에게서 희망과 우리 미래의 건강함, 든든함을 보았다. 뿌리 깊은 나무가 바람에 위태롭지 않듯 젊은이들이 버팀목이 되어줄 때 우리 사회는 건강해질 것이다.

느림의 미학

절기 하나가 실종된 느낌이다. 분명 달력의 날짜는 매일 매일을 채워 가는데 태양의 날짜는 급하기만 하다. 4월까지만 해도 봄이라기보다는 겨울의 연장선에 있는 것처럼 쌀쌀하던 날씨가 5월에 접어들면서 기온이 급상승한다.

꽃은 피고 푸른 것들은 하루가 다르게 짙어지지만 봄을 느낄 틈도 없이 여름이다. 세상이 빠름을 재촉하다 보니 기후도 경쟁에 나서고 있음인가.

요즘 세상은 속도전을 치르고 있는 것 같다. 생후 12개월도 되기 전부터 아이들은 단체생활로 내몰린다. 물론 맞벌이하다 보니 보육시설을 찾기도 하지만 아이가 혼자 자라면 함께 어울리지 못하고 사회성이 떨어진다는 부모의 조급함이 아이를 시설로 보내는 경우도 많다. 태어나자마자 경쟁의 시작이다.

예전과는 교육환경이나 방법 그리고 부모의 인식도 많이 달라졌다지만 성과 위주의 학습방법이 아이들을 힘들고 불행하게 만들기도 한다. 자녀의 재능이나 그들이 원하는 것을 살피기보다는 부모가 정해놓은 패턴에 맞춰 움직이는 기계로 만들고 싶어 한다.

자식을 위해서라는 포장은 화려하고 그럴싸하다. 본인이 원했지만 이루지 못한 것들을 자식을 통해서 얻으려는 대리만족도 일부분 포함되어 있다. 정녕 자식을 위해서라면, 모두 다 들어줄 수는 없어도 최소한 무엇을 원하는지 무엇 때문에 고민하는지 정도라고 귀담아 들어줘야 한다.

유치원을 거쳐 학교에 입학하면 이때부터 본격적인 전쟁이다. 학교 주변 학원의 외벽에는 상위권 학생의 학교와 학년 이름이 빼곡히 걸려 있고 대부분의 성적이 99점이거나 100점이다. 학생의 인성보다는 성적이 모든 것을 말해주는 셈이다.

부모는 성적 높여준다는 학원을 찾게 마련이고 학원에 등록할 때도 학원 자체의 평가를 통해서 아이의 성적이 학원에서 정한 기준에 모자라면 등록 자체를 거부한다. 공부 못하는 학생이 들어오면 학원 이미지도 나빠질 뿐 아니라 학부모들의 반발도 크다는 것이다.

개천에서 용 난다는 말도 이젠 옛말이다. 부모의 능력과 열성이 자식을 만든다. 1학년 때 이미 2학년 과정의 영어와 수학을 마치는 선행학습을 하고 조기교육 열풍으로 아직 모국어도 익숙하지 못한 아이를 외국으로 보내면서 기러기 아빠라는 신조어가 생겼다.

물론 넓은 세상에서 많은 것을 보고 배우면 좋겠지만 세상이 그리

만만치는 않다. 가깝게 지내는 이웃이 디자인하는 딸을 외국에 보내면서 많은 고통을 겪는 것을 보았다. 어렵게 유학 자금을 마련하여 미국으로 보냈는데 딸은 계속하여 학비를 요구하고 불경기에 장사가 어려워지자 건물을 팔고 심지어는 집까지 전세로 옮기면서 공부를 마치게 했다.

우여곡절 끝에 디자인 회사에 취직을 했음에도 앞가림을 못해 부모가 야식집 하면서 뒷바라지하는 것을 볼 때 어느 것이 참교육이며 가족 모두가 행복하게 살 수 있는 것일까 고민하게 된다.

내 자식만큼은 부족함 없이 최고로 키우겠다는 열망과 욕심으로 많은 어려움을 감수하지만 주입식 지식보다는 사람됨이 우선인 세상이었으면 좋겠다. 어려운 상황에 처한 친구를 보면 먼저 손 내밀고 도움을 줄 줄 아는 사람, 영어 문장 하나, 수학 공식 하나를 외우는 일에 급급하기보다는 고통 받는 친구의 고민을 들어주고 보듬을 줄 아는 사람을 사회가 키웠으면 좋겠다.

모두가 삶의 고삐를 쥐고 달린다. 하지만 그 빠름의 끝이 어디일지 한 번쯤은 생각해보자. 서두르다 보면 허점이 생기게 마련이다. 자식을 키움에 있어 오로지 공부와 좋은 직장이라는 목표에만 충실하다 보면 좋은 직장인이 될 수는 있겠지만 좋은 사람이 되는 것은 아니다.

사람 냄새나는 사람, 주변에 사람이 모여드는 사람, 하여 세상이 살맛나고 사회가 살맛나는 그런 세상을 살아갈 줄 아는 지혜를 주는 것이 진정한 참교육이 아닐까.

아이들 친구가 혹은 이웃이 어느 대학을 진학했느냐고 묻기 전에 어느 과에 진학했는지를 궁금해 하자. 본인이 희망하는 곳에서 꿈과 의지를 가지고 노력할 때 본인도 행복하고 주변도 행복해짐을 기성세대부터 깨우쳐야 한다.

타고난 재주와 끼가 많은 아이를 책상머리에 붙잡아 놓는다고 삶의 질이 좋아지는 것은 아니다. 부모는 흡족해할 수 있어도 당사자의 고통과 상실감은 클 것이다. 부모의 기대에 보답하기 위해 본인의 희망과는 무관한 대학을 진학하고 고통 받는 젊은이들을 보면 안쓰럽다.

자신의 미래를 스스로가 결정할 수 있는 기회를 주자. 그리고 그 결정에 책임이 따른다는 것을 일깨워주고 조력자로서의 역할을 충실히 하자. 천천히 세상을 건너는 법을 가르쳐 보자. 급하다고 느낄 때 심호흡 크게 하고 잠깐 나를 돌아볼 줄 아는 여유. 토끼와 거북이의 경주가 주는 지혜를 오늘만큼은 생각해보자. 그런 마음가짐이라면 학원에 걸려 있는 성적표가 그리 자랑스럽지만은 않을 것이다.

위험한 거처

여름내 웃자란 풀을 잘라내는 손길이 분주하다. 아파트 울타리 무성했던 풀이 한목에 낮아진다. 풀풀풀 쌉싸름한 냄새가 풀이 내지르는 비명일 거라는 생각이 든다. 거처를 잃어버린 날것들 사방으로 튕겨지고 막 자리를 뜨려던 옹골찬 씨앗들 또한 힘없이 던져진다.

예초기에 잘린 풀에서 풀물 빠지는 냄새가 난다. 풀냄새에 얼마 전 계절의 길들이 담겨 있다. 들녘을 뜨겁게 달구던 태양과 지루하던 장마 그리고 절기를 다투며 그 안에서 피고 지던 들꽃들의 향기가 바람에 섞여 있다.

풀이 잘리기 전 이곳은 날것들의 천국이었다. 푸른 것과 한통속이 된 달팽이는 집을 지고 옮겨 다니고 거미는 줄을 치고 먹잇감이 걸려들기를 기다렸다. 초례청을 차리고 혼사를 거들던 벌들 또한 풀이 잘리기 전까지는 평온했다.

예초기를 돌리던 남자가 벌집을 건드린 순간 벌은 무차별적으로 남자를 공격했다. 놀라고 당황한 남자는 예초기를 맨 채로 달아나다 넘어져 옆에서 작업하던 기계에 팔이 걸렸다. 예초기의 칼날은 남자의 팔에 박혔고 벌떼는 다친 남자를 뒤쫓아 사정없이 공격했다.

칼날에 베이고 벌에 마구 쏘인 남자는 정신을 잃었고 병원에서 응급 조치 후 다행히 목숨을 건졌지만 한동안 병원 신세를 졌다. 정말이지 끔찍한 순간이었다. 벌에 쏘이는 사고는 종종 보도가 된다. 특히 벌초 시기가 되면 벌집을 잘못 건드려 벌에 쏘이게 된다. 말벌은 독성도 강하고 무섭게 달려들기 때문에 특별히 조심해야 한다. 풀을 베기 전 주변 상황을 살피고 벌이 드나드는지 확인하고 안전장구를 착용해 사고를 미연에 예방해야 한다.

여름내 무성하게 자란 풀을 정리하는 제초작업이 한창인 때다. 대부분의 제초작업을 기계로 하다 보니 예초기에 의한 안전사고가 잦다. 칼날에 튕겨진 돌에 의해 부상을 당하는가 하면 도로변에서 풀 깎기 작업을 하던 중 돌이 튀어 지나던 차량의 유리창이 깨지는 것을 목격하면서 기계화로 인해 편리해진 만큼 도처에 위험이 도사리고 있음을 실감한다.

우리도 새 차를 사고 얼마 되지 않아 거리를 달리던 중 탕 하는 소리가 났다. 차를 세워놓고 보니 돌이 차량의 문에 맞아 움푹 들어가 속살이 나왔다. 도로정비작업을 하는 예초기에서 튄 돌이 차를 때린 것이다. 쫓아가서 수리를 요구하면 작업자의 노임 중 꽤 많은 금액이 수리비가 될 것이고 그냥 지나치자니 억울했다. 고의로 그런 것도 아니니 그냥 가자고 해서 모른 척 지나오기는 했지만 차량에 난 상처를 볼 때마다 속이 상했다. 유리를 맞지 않는 것이 다행이라고, 운이 나빴다고 생각하자 하면서도 아쉬움은 오래도록 남았다.

위험한 것은 기계뿐만이 아니다. 풀이 무성한 곳일수록 벌이나 뱀, 진드기 등 많은 적수가 있다. 어릴 적 시골에서는 풀 깎기 전에 벌집 소탕작업을 했다. 땅벌을 잡기 위해 밤에 짚불을 놓으면 놀란 벌들이 뛰쳐나오다 날개를 그을린 채 수북이 널브러져 있었다. 벌이 달려들면 몸을 낮춰 벌의 공격을 피했고 가급적 화려하지 않은 색깔의 옷을 입었으며 물것들이 덤비지 않게 향이 나는 것을 몸 가까이 하지 않았고 백반을 준비해 뱀을 예방하기도 했다.

때로는 작은 부주의가 돌이킬 수 없는 큰 사고로 확대된다. 설마 나는 괜찮겠지 하는 안전 불감증이 가장 무서운 적이 될 수 있음을 잊지 말아야 한다.

주변을 둘러보면 짙푸르기만 하던 초목에서 풀물이 빠지기 시작했다. 성장을 늦춘 풀은 저마다 열매를 익히기에 분주하다. 자연이 시계를 돌리는 동안 날것들은 진화를 거듭할 것이고 우리가 위험한 거처를 제거하기 위해 생각의 예초기를 들이대는 동안에도 가을은 빠르게 빠져나갈 것이다.

딸과 구두

학교에서 돌아온 딸애가 호들갑이다. 구두의 앞창이 떨어졌다. 겨울 끝자락에 세일 판매 때 사서 몇 번 신지도 않고 보관했다가 처음 꺼내 신고 학교에 갔는데 밑창이 떨어져 덜렁거린다.

창피해서 죽을 뻔했다며 새 신발을 사달라는 아이에게 눈을 흘기고는 접착제로 붙이면 올겨울을 충분히 신을 수 있겠다 싶어 접착제로 붙여놓았는데 다음날 아침 애들 아빠가 단단하게 수리해준다며 접착제를 얼마나 발랐는지 구두의 이음새 부분이 번질번질하다.

한눈에 보아도 땜질을 한 구두라고 새겨놓은 것 같다. 그걸 본 아이가 방방 뜬다. 창피해서 못 신고 다닌다고 당장 갖다 버린다고 난리다. 내가 봐도 좀 심한 듯해 엄마가 신게 놔두라고 했더니 엄마도 신지 말라고, 절대로 신으면 안 된다고 성화다. 그러면서 기어코 제 아빠에게 신발값을 받아낸다. 끼어들어 야단을 칠까 하다가 아침부터 큰 소리를 내고 싶지 않아 참았다. 딸애는 유난히 신발에 욕심이 많다. 운동화며 구두 종류도 다양하다. 우리 집 신발장을 다 차지하고도 모자라 상자에 따로 보관해야 할 지경이다. 하이힐이며 단화 그리고 통굽인 구두가 계절벌로 즐비한데도 구두상점을 지날 때면 눈을 떼지 못한다.

딸애가 현관을 나선 후 신발장을 열어본다. 신발장 안에는 크고 작은 사연이 신발 코를 세우고 있다. 새 신발을 신고 명동을 누비다 뒤꿈치에 물집이 잡혀 절룩이며 들어와서는 이내 벗어던진 하이힐이며 굽이 10센티는 족히 될 것 같은 부츠 그리고 납작한 샌들이며 각양각색의 구두와 운동화가 세상 구경할 날을 기다리고 있다.

저 신발들이 주인을 업고 학교며 카페며 각종 동아리 모임 등 곳곳을 누비고 다녔을 것이다. 가끔은 굽을 주저앉혀 주인의 눈물을 빼기도 했고 주인보다 먼저 옆으로 누워 굽을 갈아달라고 하소연도 했을 것이다.

미니스커트의 주인을 위해 얌전한 듯 뒤뚱거리는 걸음을 걷기도 했을 것이며 청바지 차림의 활달한 연출을 위해 빨간 운동화가 한몫했을 것이다. 여러 신발 중에 검은 구두 한 켤레가 나를 붙잡는다.

예고 입학식을 앞두고 구두를 사기 위해 수원과 평택의 구두점은 거의 다 돌아다녔다. 백화점이며 시장 아울렛 등 며칠에 거쳐서 아이를 따라다녔다. 그 많은 구두 중에 맘에 드는 구두가 없다고 했다.

이건 이래서 싫고 저건 저래서 맘에 안 들고……. 나중에는 둘 다 지쳐서 돌아다닐 힘이 없어지자 어쩔 수 없다는 듯이 구두 하나를 집어 들었다. 고가의 구두였다. 학생이 신기에는 터무니없이 비싼 구두였지만 더는 싸울 힘도 말릴 명분도 없어 그냥 사게 했다. 그렇게 유난스럽게 산 구두를 몇 번 신더니 학교에서 눈치도 보이고 부담스러워서 못 신겠다며 시장에서 저가의 구두를 새로 장만했다.

그 구두를 신지도 않고 버리지도 못하고 몇 년째 모셔두고 있다. 그 후부터는 비싼 구두를 사지는 않았지만, 신발에 대한 욕심은 여전하다. 이십 대 한창 멋 부릴 나이기도 하지만 지나치다 싶을 때가 많다.

구두를 보면 딸에의 취향과 유행을 알 수 있다. 갓 대학생이 되었을 때는 실용성과 편리성보다는 화려하고 보기 좋은 멋내기용 구두를 주로 선호하더니 차츰 편하고 활동성이 좋은 신발 쪽으로 옮겨간다. 신발이 편안해진다는 것은 세상 보는 눈이 넓어졌다는 뜻일까. 바쁜 일상에 길들여지고 있는 것일까.

우리네 인생도 구두의 뒤축처럼 닳아간다. 신발 뒤축이 닳는 만큼 생각도 닳는지 나이를 먹다 보면 몸도 기울어지고 판단력도 기우뚱해질 때가 있다. 뭉툭하고 볼 넓은 신발처럼 그냥 편해지고 싶은 건지도 모르겠다.

구두 한 켤레 장만하면 굽을 몇 번씩 수선하여 닳고 닳도록 신는 엄마 아빠에게 미안하지도 않는지 여윳돈만 생기면 신발을 사들이는 딸이 얄밉지만 멋 부릴 힘 있을 때 실컷 해보게 놔두자며 신발장 정리를 한다.

잠자고 있는 신발을 꺼내 환기도 시키고 먼지도 닦아준다. 처녀 때나 해보지 시집만 가봐라 어림도 없지. 누구는 궁상떨고 싶어 궁상떠는지 아냐 하면서 혼자 푸념하지만 그래도 젊음이 좋다. 기어이 신발값을 받아간 아이가 오늘은 어떤 구두를 사 들고 올지 궁금해진다.

휴가 그리고,

몇 해 전 우리 가족은 남해 쪽으로 여행지를 잡았다. 해운대도 가고 부산에 있는 친구도 만날 겸해서다. 며칠 전부터 숙소를 예약하고 갈 곳을 정하고 이런저런 준비로 설레기도 하고 즐겁기도 하다. 맛집을 메모하고 차량 점검을 하는 등 만반의 준비를 하고 출발을 기다렸다. 여행은 하는 것도 즐겁지만 기획하고 준비하는 것이 더 신났다.

준비한 것을 다시 한 번 확인하고 동이 틀 무렵 집을 나섰다. 휴게소에 들러 휴식도 취하고 간편 음식으로 요기도 하면서 내달렸다. 중간중간 명소도 기웃거리다 보니 부산이다. 해운대에 들어서니 인산인해다. 해수욕장을 빼곡히 채운 파라솔과 튜브가 보는 것만으로도 마음을 들뜨게 한다. 바다와 어우러져 한통속이 된 사람이 파도와 모래사장에 몸을 맡긴 채 망중한을 즐기고 있다.

삼삼오오 지나치는 비키니 차림의 늘씬한 여인과 근육이 잘 발달된 청년의 배에 새겨진 복근에 눈길을 빼앗기기도 했다. 뜨거운 태양 아래 함께 타오르는 젊음이 좋았다. 열기는 밤에도 식지 않았다. 해변을 서성이는 연인들과 최후의 만찬이라도 즐기듯 먹고 마시고 떠들며 순간을 즐기는 사람들로 북적였다.

오랜만에 만난 지인과 하룻밤을 지냈다. 꿈틀거리는 장어를 굽고 거나해진 취기를 앞세워 철 지난 유행가를 읊조리며 젊은 날을 회상하기도 했다. 스무 살 시절 직장동료였던 친구이다 보니 이야기는 자연스레 그 시절로 돌아가고 케케묵은 사연들은 어느새 엊그제 일처럼 선명하고 또렷하다.

체불된 임금을 받기 위해 사장실 회전의자에 앉아 대표자를 기다리던 배짱이며 아침에 담근 과일주를 저녁에 따라 마시다 들켜 쫓겨난 일들을 안주 삼아 해변의 밤은 깊어갔다. 철썩이는 파도 소리와 풍기는 비릿함이 마치 세상을 품었다 토해내는 듯 거나해진 취기보다 먼저 우리들의 기억을 그리고 추억을 밀고 당겼다.

오랜 벗과 이젠 낡고 낡아 박물관에나 보관해야 할 기억을 끝없이 주고받으며 오고 가는 술잔이 정겹기만 하다. 언제 풀어놔도 시들해지지 않는 이야기꽃들 그래서 유수처럼 흐르는 세월이 야속하고 짧은 만남 긴 기다림이 좋다.

해운대의 하루를 아쉬움으로 헤어지며 안동 쪽으로 방향을 잡았다. 댐 근처를 지나는데 달맞이꽃이 지천이다. 달맞이꽃은 밤에 피는 꽃이라고 알고 있었는데 너른 묵정밭이 노랗다. 댐 공사를 하고 남은 땅에 이런저런 들꽃들이 만발했다.

달맞이꽃을 보는 순간 참 보기 좋다는 생각과 함께 욕심이 생겼다. 달맞이꽃으로 발효액을 담그면 여러모로 쓸모가 있고 몸에도 좋다는 말에 언젠가는 꼭 한번 담가봐야지 했는데 발효액을 담글 만큼의 달맞이꽃을 만나지 못해서 아쉬워하던 참에 그냥 지나칠 수가 없었다.

만류하는 남편과 딸애를 뒤로하고 꽃밭으로 갔다. 꽃을 몇 개 따자 먼지가 많이 날렸다. 땀과 먼지 때문인지 목이 텁텁하고 재채기가 연신 났다. 그만둘까 하다가 내친 김에 조금이라도 따서 발효액 한번 담가보고 싶어 욕심을 냈다.

견디기 힘들 만큼 몸이 괴로웠다. 할 수 없이 꽃밭을 나왔는데 갑자기 목이 꽉 막히면서 목소리가 나오질 않았다. 서둘러 알레르기 약을 먹었지만 소용이 없었다. 순간 목소리를 잃은 것이었다. 겁나고 무서웠다. 입만 움직일 뿐 전혀 소리가 나지 않았다.

남편은 비상등을 켜고 달렸고 딸애는 가까운 병원을 수소문했다. 나는 목이 막히는 것을 조금이라도 피하기 위해 물을 계속 흘려 넣었다. 이대로 목소리를 잃어버리는 건 아닌가 공포와 두려움이 엄습했다.

평소에 알레르기 증세가 있기는 했지만 이런 경우는 처음이었다. 몸이 가렵고 부풀어 올라 약을 먹으면 이내 가라앉았기 때문에 불편했지만 크게 병이라고 여기지는 않고 적당히 무시하며 생활했다. 그런데 이런 복병이 숨어 있었다니 난감하고 무서웠다.

다행히 그리 멀지 않은 곳에 종합병원이 있었고 응급실로 들어갔다. 남편이 상황 설명을 하자 큰 주사바늘이 내 혈관에 꽂혔고 수액이 줄줄 쏟아져 들어갔다. 누우면 그대로 숨이 막힐 것 같아서 눕지도 못했다. 얼마간 수액이 들어가니 조금씩 목소리가 나오기 시작했고 몸이 조금 진정되면서 간단한 검사를 했다.

입원해서 상황을 지켜보자고 했다. 휴가 중이라 입원은 좀 어렵겠다는 말에 집 근처에 가서 정확한 검사를 받으라며 약을 처방해주었다. 나도 놀랐지만 혼비백산한 가족에게 미안했다. 서너 시간을 초긴장 상태로 있었던 남편과 딸의 핀잔을 들었다. 꽃가루와 먼지가 그대로 몸 안으로 들어오면서 알레르기가 급성으로 상황이 악화된 것 같았다.

긴급처방은 했지만 몸 상태가 좋지 않아 휴가를 끝낼 수밖에 없었다. 낚시 좋아하는 남편은 낚싯대를 펼쳐보지도 못했고 딸아이의 계획도 물거품이 되고 말았다. 해서는 안 될 일을 한 것에 대한 지독한 처벌이었다. 그 후 몇 달 동안 고생을 했고 다시는 발효액에 욕심을 내지 말라는 요구에 응할 수밖에 없었다.

집 밖에 나서면 많은 위험요소들이 도사리고 있다. 안전운전은 물론이고 물놀이 사고며 식품 위생 등 매사에 신경을 써서 즐겁고 행복한 휴가가 되도록 만전을 기해야 한다. 가장 중요한 것은 역시 안전이다.

일리포 가는 길

바다로 향한다. 서둘러 준비한 도시락을 챙겨 두어 시간 달려 다다른 곳, 서해안의 끝자락이다. 만리포 해변을 끼고 돌면 수십만 평방미터의 수목원이 천리포를 감싸고 있다. 천리포식물원은 갖가지 야생화와 낙조가 특히나 아름답기로 알려진 곳이다.

수목원에 들면 해풍을 받고 자란 소나무가 뿜어내는 향기가 여행자를 편안하게 해준다. 늪지에 허리를 반쯤 담근 느티나무에 푸른 물이 오르고 목련이며 진달래 등이 제 몫의 계절을 읽어내느라 분주하다. 어디쯤에선가 비둘기 알 품는 소리가 산을 깨우고, 출항 준비를 끝낸 고깃배에 올라탄 진달래 향이 바다를 향해 붉은 질주를 시작할 것 같은 곳이다.

파도처럼 출렁이는 보리이삭 사이로 백리포라고 쓰인 낡고 허름한 팻말이 다른 포구를 지나고 있음을 말해준다. 바다를 끼고 심어놓은 청보리가 시야를 환하게 밝힌다. 제철이 아니라 영업을 하는 곳은 없지만 지난여름 분주했을 해변의 흔적이 군데군데 남아 있다.

여기에 처음 왔을 때는 사람의 손때가 묻지 않은 청정한 곳이었다.

바다에 그물을 쳐놓은 노인이 하루에 한 번 고기를 따러 지게에 퉁구리를 매달고 오는 것이 전부일 것 같은 한적한 곳이었다.

야트막한 둔덕엔 고사리가 지천이었고 산나물이 봄 향기를 물씬 풍겼다. 언제부턴가 우리들만의 아지트인 양 시간이 날 때마다 찾곤 했다. 발을 딛는 것조차 미안할 정도를 태고의 흔적이 고스란히 남아 있는 듯했다.

노인이 그물에 걸린 고기를 따러 오면 우리가 준비해간 음식을 함께 나눴다. 막걸리 몇 잔에 거나해진 노인의 전설 같은 이야기에 귀를 세우곤 했다. 노인은 마을의 지세며 몇 가구가 사는지 바다에 나가 돌아오지 않는 남편을 기다리며 수절하는 분이네 사연까지 마을의 동향을 말해주곤 했다. 바닷속이 훤히 들여다보이는 맑고 깨끗한 물만큼이나 순박한 이곳의 인심과 정서를 느낄 수가 있었다.

이곳에 오면 남편은 낚시를 했고 화구를 챙겨온 작은아이는 그림을 그렸다. 나는 조개를 캐고 물놀이를 좋아하는 큰아이는 좀처럼 물에서 나오지를 않았다. 모래사장에서 뒹굴다 바다로 뛰어들고 모래를 끌어모아 두꺼비집을 짓는 등 바다와 한통속이 되곤 했다.

그때만 해도 하얀 모래와 파도가 빚어낸 옥돌 그리고 바위에 듬성듬성 붙어 있는 해조류가 바다의 주인이었고 먼 뱃고동 소리가 정적을 깨트리곤 했다.

백리포 지나 십리포, 막 선회를 마친 산까치 몇 마리 봄바람을 털어내며 목책에 앉는다. 비포장 길로 접어든 차량은 흙먼지를 날리고 비경에 연신 감탄사를 토해내는 사이 엉덩이 다 깨진다는 뒷자리 누군가의 즐거운 비명이 생강꽃처럼 노랗게 터져 나온다.

하늘과 바다가 맞닿을 듯 고요하고 평온한 곳, 쌉싸름한 바람이 옷자락을 여미게 하지만 파도가 곱게 다듬어 놓은 모래에 어떤 이는 사랑하는 사람의 이름을 쓰고 누군가는 소망을 쓴다. 밀물이 들면 바다로 옮겨질 희망을 서둘러 쓰는 이들, 자연과 동화되고 자연 속에서 천진해지는 사람들 모습이 정겹다.

작은 산맥을 중심으로 나뉜 바닷가 둔덕 아래로 펼쳐진 풍광이 마음을 잡는다. 화강암으로 된 기암절벽과 웅장한 듯 화려한 모습이 제주도의 모형 같다. 하지만 오래전 이곳을 처음 찾았을 때의 신비와 설렘은 없다. 잘려진 나무와 파헤쳐진 길 그리고 들어서기 시작한 문명의 흔적들이 이곳에도 개발이 시작됐음을 알린다. 처음 왔을 때의 기억을 십리 밖으로 물리며 일리포로 향한다.

초소가 산자락의 끝에 있고 쇠사슬이 말뚝에 걸쳐진 채 출입이 자유롭지 못했고 산비탈에는 공비가 출현했던 곳이라는 팻말이 있어 긴장감이 돌기도 했던 군사지역이다. 지금은 군 초소 자리에 전망대가 생겨 멋진 풍광을 한눈에 볼 수 있도록 단장하고 주위에 조경을 잘 해놓았다. 이곳을 찾을 때마다 바뀌는 풍경이 아쉽다. 욕심 같아선 꼭꼭 숨겨두고 조금씩 꺼내 보고 싶었던 곳이다.

우리가 그랬듯 몇몇은 낚싯대를 드리우고 저만치 바위에는 일리포를 화폭에 담는 이가 있어 한낮의 정취를 더해준다. 수평선을 바라보며 한 길 사람의 마음을 헤아려 보는 일이거나, 모래사장에 누워 철 지난 유행가 한 소절에 마음을 내려놓는 일이거나, 준비해간 커피 한 잔의 여유로움으로 바다에 젖어보는 일 모두가 여행자의 특권이다.

만리포 지나 백리포 그리고 십리포에서 일리포까지 어쩌면 일리포부터 시작됐어야 할 길들을 반대로 거슬러 온 것은 아닐까. 파도에서 일탈된 치어들이 튀어오르는 바위섬에 올라 생각의 깊이를 철썩여 본다.

29의 절반

바람이 노 저어 파도를 밀고 온다. 파도는 쉼 없이 먼 바다의 전언을 쏟아내며 하얗게 부서진다. 바다에 떠 있는 부표와 햇살의 수군거림에 하늘도 한몫 거들며 성난 표정으로 때론 부드럽게 이야기를 만들어내며 변화무쌍하다.

딸과 단둘이 여행을 나선 것은 처음이다. 여행은 짐을 꾸리는 것부터 시작이라고 했던가. 이것저것 욕심내어 챙긴다. 설렘과 즐거움 그리고 추억을 캐리어 가득 담아오기로 했다.

서귀포에 숙소를 정하고 주변 탐방과 올레길을 중심으로 깊숙한 제주의 멋과 맛을 느껴보기로 했다. 첫 비행기로 제주에 도착하여 해물뚝배기와 전복죽으로 든든하게 식사를 하고 서귀포에 위치한 산방산을 향해 나섰다.

큰 도로보다는 작은 길을 택했다. 제주 전통의 멋과 원주민들의 생활상을 볼 수 있는 곳은 마을 안쪽으로 들어가는 것이 좋다는 생각에서다. 낮은 지붕과 마을의 형태에 따라 골목이 만들어지고 돌담을 끼고 돌자 수국이 환했다. 노랑과 파랑 보라 등 파스텔을 뭉개놓은 것 같은 색감의 수국이 탐스럽게 피었고 애기 주먹만 한 귤이 푸르다 못해 검푸른 빛으로 다닥다닥 열려 있다.

귤을 보니 새콤달콤한 침이 입 안에 고인다며 침을 삼키는 딸을 보며 웃다가 수다를 떨다가 기이하게 생긴 나무 앞에서 잠시 멈췄다. 가지와 가지가 엮여 몸통을 말아 올린 틈으로 덩굴식물이 무성하게 뒤덮여 버거워 보였다. 휘어짐은 휘어짐대로 이유가 있을 것이고 그 휘어짐을 지키기 위해 안간힘을 썼을 나무, 돌 틈에서 뿌리내리는 고통을 감내하며 푸르게 잎을 틔운 나무가 제주의 고통스러웠던 한때를, 힘겹게 견뎌낸 사람들을 닮은 듯했다.

산다는 것이 때론 몸을 비틀듯, 절벽을 기어오르듯 사력을 다해야 함을 확인하기까지 숨 가쁘게 살았던 것처럼 둥근 나무는 둥근 나이테를, 기다란 나무는 길게 나이테를 만들며 자연과 현실에 적응하는 법을 터득했을 것이다.

소박하고 정겨운 풍경을 지나쳐 카페에 들렀다. 제주에서만 맛볼 수 있다는 까망크림 프라푸치노를 먹으며 바다와 마주하고 앉았다. 빨대 가득 빨려드는 떡과 달달하면서 아삭하게 씹히는 구멍 숭숭 뚫린 차에서 현무암 느낌이 났다. 말 그대로 제주의 맛이다. 차 한 잔에도 제주를 담아낸 것이 참 좋았다.

제주에 바람이 많다지만 거침없이 내달리는 바람에 잠시 생각을 맡긴다. 멀리 보이는 능선과 수평선을 선회하며 돌아온 갈매기의 날갯짓에 비릿함이 묻어난다. 구멍 숭숭 뚫린 기암괴석 틈으로 비치는 햇살이 수억 년을 건너와 내 등을 비쳐준다. 바다가 파도를 만들어 해안에 부딪곤 다시 바다로 향하는 것처럼 우리가 만나는 숱한 낯선 것들 속에서 우리는 삶을 배우고 방법을 찾아간다. 더러는 친구같이 더러는 인생의 동행이 되어 같지만 다른 방향으로 각자의 삶을 끌고 간다.

길 위에서 완성되는 생각과 길에서 만나는 사람과 풍경들, 땀이 축축이 배어나도 잡은 손을 놓지 않는 마음, 딸과의 여행이 그랬다. 내리쬐는 태양을 비집고 등을 밀어주는 바람과 힘내라고 반기는 나무에 기대어 산방굴사에 올랐다. 제주의 10경 중 하나인 산방산은 높지도 낮지도 않은 마음의 크기의 산이다.

허리디스크로 한쪽 엉덩이가 살짝 삐딱해진 딸의 뒤를 따라 걷는다. 척추 측만증으로 시작된 허리 통증은 아이를 괴롭혔다. 그림을 그리다 보니 이젤의 각도에 따라 몸이 휘어졌고 어느 순간부터 질병이 되었다. 다리가 저리다며 몇 번씩 가던 길을 멈춰 서는 딸의 뒷모습에 가슴이 쿵쿵 소리를 냈지만 내색하지 않았다.

부처가 모셔진 산방굴에서 나는 비손했다. 허리디스크로 고생하는 딸이 조금은 더 편안한 삶을 살 수 있길 간절히 기원했다. 굴 내부 천장 암벽에서 떨어지는 물은 이 산을 지키는 여신 산방덕이 흘리는 눈물이라 하여 마시면 장수한다는 속설이 있었다. 이 물을 먹고 엄마가 오랫동안 자신의 곁에 있어주길 바란다는 딸의 마음에 새끼손가락을 걸었다.

산방산을 거쳐 용머리 해안으로 접어들었다. 언덕의 모양이 용이 머리를 틀고 바다로 들어가는 모습을 닮았다고 하여 붙여진 이름이다. 마그마와 바닷물이 만나 폭발하면서 뿜어져 나온 화산재가 분화구 주변에 쌓여 만들어진 것으로 화산재가 서로 다른 방향으로 흐르거나 지층을 만들었고 퇴적층과 수직절리, 해식동굴 돌게구멍 등 자연이 선사한 수려한 해안절경이다.

전설이 파도가 되고 파도가 사연이 되어 빛과 소금이 될 오늘 내가 부려놓은 몇 섬의 넋두리가 소금으로 반짝일 수 있길, 여행자의 사연으로 바다가 푸르게 빛날 거라 생각해본다.

흔들리는 들꽃과 한몫으로 자라는 풀과 낮게 내려온 구름까지 어느 곳으로 눈을 돌려도 신비롭고 평화롭다. 서로를 렌즈에 담아주며 포즈를 취했다. 그러고 보니 우리는 비슷한 길이의 원피스를 입었고 챙 넓은 모자를 썼으며 검은색 슬리퍼를 신었다. 약속한 것은 아니지만 차림새가 비슷했다.

이번 여행은 베풀던 자리를 벗어나 보호를 받는 여행이다. 맛집을 찾아내는 일도 다음 행선지를 정하는 일도 운전도 딸이 했고 난 그저 이끄는 대로 움직였다. 스물아홉 살의 봄은 많이 아파서 무서웠지만 엄마가 항상 옆에 있어줘서 힘이 되었고 고마움에 준비한 여행이라고 했다.

예쁘게 부족함 없이 잘 키워줬는데 자꾸 아파서 미안하다는 딸이었다. 자신은 엄마를 만난 게 이 세상에서 제일 큰 행운이라며 손 꼭 잡고 많이 웃으며 살자고 했다. 마음 터놓고 단둘이 이야기하는 시간이 그리 많지는 않았다. 맞벌이하다 보니 늘 시간에 쫓겼고 딸 또한 학교 따라 직장 따라 생활하면서 사는 일에 바빴는데 여행하면서 내 염려와 조바심이 얼마나 부질없는 것인지 알게 되었다.

세상을 향한 거침없는 도전과 또래보다 저만치 앞서가는 생각 그리고 미래의 설계가 여간 다부진 게 아니었다. 나 또한 열심히 산다고 살았는데 무엇보다 자식에게 인정받는 것이 가장 큰 행복이고 보람이라는 걸 확인시켜준 여행이었다.

산방산에서 용머리 해안을 지나 송악산으로 향했다. 한가로이 노니는 말과 목책 그리고 들꽃과 파도와 바람 어느 것 하나 부족함 없는 둘레길이다. 절벽 아래로 보이는 동굴은 일본군이 태평양전쟁 때 제주도민을 강제 동원해 팠는데 동굴 안이 하나로 통한다는 말에 더욱 놀라웠다. 제주도는 아름다운 풍광만큼이나 수모도 많았던 섬이다.

바다 위에 떠 있는 노란 잠수함과 큰 섬과 작은 섬이 마주 보고 있다 하여 붙여진 형제 섬을 뒤로하고 걷는다. 송악산 둘레길은 제주의 속살을 그대로 볼 수 있는 곳이라고 한다. 천천히 걸으며 자연의 속살거림에 귀를 기울이기도 하고 파도의 노래에 함께 흥얼거리기도 한다. 가파른 절벽과 켜켜이 쌓인 돌들. 어느 석공이 저런 걸작을 빚어낼 수 있을까. 계단을 오르고 내려서며 가다 서기를 반복하고 마주한 들꽃과 눈인사를 나누며 천천히 걷는다.

살면서 많은 길을 만났다. 때론 이정표도 없는 길 위에서 막막한 청춘을 보내기도 했고 걸어도 걸어도 끝이 보이지 않는 길에서 주저앉아 울기도 했다. 진흙탕에 빠진 걸음을 옮겨놓기 위해 온힘을 다했지만 나락으로 빨려들어 갈 때도 있었다.

우리는 우리가 선택했든 아니면 선택 당했든 대부분의 날을 길 위에서 있다. 벼랑 끝에서 하늘을 보기도 하고 남들이 가지 않은 길에 새로운 이정표를 세우기도 한다. 둘이 여행하면서 딸은 창업을 결심했고 그 결심이 흩어지지 않도록 힘을 실어줬다. 불확실한 미래에 대한 망설임과 두려움에 선뜻 도전장을 내밀지 못했음에, 젊음을 밑천 삼아 성실함을 무기 삼아 싸워보길 권했다.

엄마라고, 세상을 좀 더 살았다고 세상을 읽을 수 있거나 두려움이 없는 것은 아니지만 세상이라는 링 위에 들어서야 싸울 수 있고 싸워봐야 상대를 읽어낼 수 있는 힘과 용기가 생긴다. 용기 있는 자만이 세상과 타협할 수도 혹은 물러설 수도 있는 지혜를 배우게 됨을 함께 고민했다.

바다는 가만히 있고 싶은데 바람이 물을 흔들어 파도를 만드는 건지 파도가 달려오는데 바람이 파도의 등을 밀어 해안가까지 몰아오는지 알 수는 없지만 절반 남은 스물의 마지막을 멋지게 살아보길 권하는 엄마와 당찬 포부를 말하는 딸은 마주 보며 웃었다.

여행을 통해 답답했던 삶의 실마리를 풀어내며 우리는 맛집을 찾아, 또 다른 여행지를 찾아 길을 나섰다. 내비게이션에도 나오지 않는 길에서 당황하기도 했지만 덕분에 태고 그대로의 자연을 만나기도 했다. 갑자기 불어온 바람에 치맛자락을 움켜잡기도 하고 벌겋게 그을린 얼굴에 팩을 붙여주기도 했다. 그렇게 맛과 멋 그리고 딸과 함께한 서귀포의 2박 3일은 둘만의 앨범에 저장되었다.

길의 반란

길이 터진다. 가로수가 길을 들어올린다. 땅으로 심겨질 나이테가 툭툭, 도로를 들어 올린다. 뿌리의 지문이 길 위로 새겨지고 군데군데 뒤틀린 갓길로 가을날의 씨앗들이 들르고 거리의 소음이 속속 파고든다.

오래전 새 도로가 뚫리고 아파트가 생기면서 가로수가 조성되었다. 강산이 두 번 바뀌는 세월을 견디면서 나무도 많이 성장했다. 침침한 가지 속 여린 잎 꺼내놓으면서 봄을 알렸고 무성한 잎으로 한여름 그늘을 준비하더니 이젠 하루가 다르게 나무의 빛깔이 변해가고 있다.

그 가로수가 반란을 시작했다. 땅으로 심겨질 뿌리를 끌어올려 길 위로 꺼내놓기 시작한 것이다. 자전거 전용도로가 갈라지고 자전거 바퀴살이 놀라 움찔거리고 조깅을 나선 운동화를 잡아당겨 넘어뜨리기도 한다.

태풍이 지나칠 때면 한두 그루씩 넘어지기도 했고 지나던 차량의 사고와 부주의로 넘겨지기도 하면서 거리를 지키던 가로수가 땅 밑을 거부하고 길 위로 올라서자 길이 힘없이 무너지고 있다.

자전거로 통학하던 학생이 불뚝 솟아오른 길에 걸려 넘어져 부상을 입기도 했고 유모차에서 잠든 아기가 놀라 울기도 했지만 터진 그 틈으로 민들레가 피었다 지고 질경이가 세 들어 살면서 불편과 생존이 함께했다.

애당초 너무 얕게 심겨진 때문일까. 뿌리로 향하려던 태양의 일정이 잎으로만 당겨지면서 일어난 현상인지도 모르겠지만 나무는 반란을 시작했고 뚜껑만 씌워졌던 길이 쩔쩔매고 있다.

얼마 전 수도관이 터져 공사를 했다. 땅 밑에서 생긴 사고라 수도관이 새는 줄도 몰랐는데 검침원의 발견으로 알게 되었고 공사를 해본 결과 사고의 원인은 은행나무였다. 가로수의 뿌리가 수도관 밑으로 파고들어 수도관을 들어 올리자 못 견딘 파이프의 연결관이 빠진 것이다. 수도관과 은행나무의 거리는 꽤 있었지만 나무가 실하다 보니 상가 입구까지 뿌리를 뻗친 것이다.

청소를 하고 난 허드렛물을 나무에 주어서인지 우리 상가 앞의 가로수가 다른 것보다 크고 무성하다. 간판을 가려서 불편하지만 길게 늘인 그늘이 좋았고 유리문 쪽으로 가지를 뻗은 놈이 피아노 소리에 춤을 추고 있는 것이 아닌가 하는 착각에 빠져들기도 한다.

커피 한 잔 들고 바라만 보고 있어도 위안이 되는 나무였다. 중얼거리는 내 발등에 은행잎 하나 툭 던지며 화 풀라고 속삭이기도 하고 태풍에 꺾인 가지로 푸른 물 뚝뚝 흘리며 하소연도 하던 나무다.

이렇게 한통속으로 즐겁던 은행나무지만 이 사고로 공사비용도 많이 들었고 수도요금 또한 만만치 않게 나와서 속도 상하고 화도 났다. 계량기 안쪽에서 생긴 사고라 수용가 책임이라 하니 울며 겨자 먹기식으로 감당을 해야 했다. 그렇다고 범인인 은행나무에 화를 낼 수도 없고 그냥 속만 끓이다 말았다.

따지고 보면 유리문 밖으로 바라보며 계절을 느끼고 바람의 일정을 가늠하고 가끔씩 나무에게 털어내던 넋두리의 값을 제대로 치른 셈이기도 하다. 머잖아 노랗게 물들 은행나무가 또 그만큼의 즐거움을 안겨줄 것이니 그만 투덜대기로 했다.

내 안의 반란이야 어떻게든 막아보겠지만 나무, 그것도 뿌리의 반란 앞에선 속수무책이다. 길의 뚜껑을 열면 고스란히 묻어날 것 같은 푸른 비명이 불안을 키우고 있다. 땅속으로 깊어져야 할 뿌리가 길을 들어 올리고 수도관을 파손시키는 동안 도로는 애면글면 가쁜 숨 토해내고 나무는 허공 깊숙이 물길을 내고 있다.

가을이 깊다

유리창 너머로 보는 가을이 깊다. 막 노란 옷을 입기 시작한 은행나무, 태양의 각도와 빛에 따라 색이 다르다. 가지가 휘어질 정도로 다닥다닥 붙은 열매 또한 마지막 남은 가을을 소비하느라 바쁘다.

노랑은 그리움이라 했던가. 은행잎을 주워 든다. 잠시 감성에 젖어 들기도 하고 스쳐간 인연을 떠올려보기도 한다. 겹겹이 쌓이는 기억과 그리움들, 때론 화석이 된 시간이 나무의 나이테처럼 나의 나이테로 깊어간다.

삶의 고단함과 번잡함을 잠시 내려놓고 맑고 순수한 영혼으로 돌아가 가을과의 밀회를 꿈꾸는 것은 사치일까. 나무에 기대어 지그시 눈을 감아본다. 거칠게 닿는 느낌이 좋다. 바람이 지나칠 때마다 툭툭 떨어지는 열매들. 그 열매에서 풍기는 냄새 또한 싫지만은 않다.

누군가는 열매를 주워 담고 누군가는 발에 밟힌 채 따라가는 냄새가 싫어 인상을 쓰기도 한다. 하지만 싹을 틔워 잎을 넓히고 열매를 키우는 동안 비와 바람 그리고 태풍에 찢겼던 가지를 떠올린다면 제 몸 일부를 지상으로 내려 보내는 나무의 속내 또한 만만치 않으리라.

가을의 깊이만큼 바빠진 태양 또한 제 몫의 계절을 다하느라 서두르긴 마찬가지일 거라 생각하며 푸릇한 은행잎 하나 주워 책갈피에 끼운다. 노랗게 물들진 않았지만 풋 익은 색깔이 마치 우리네 일상처럼 정겹다. 조금은 부족한, 아직은 해야 할 일이 많고 지켜내야 할 것들이 많다는 숙제 같기도 한 그런 느낌이다.

삼십여 년 전 신혼여행을 다녀오니 집 앞 아름드리 은행나무의 잎이 쌓여 마치 노란 양탄자를 깔아놓은 듯 펼쳐져 있었다. 발을 딛기조차 미안할 정도로 펼쳐진 모습이 너무 아름다워 카메라에 담고 앨범에 끼우며 즐거워하던 기억이 생생하다.

짝꿍의 말에 의하면 나서 자라며 쭉 보았지만 이처럼 많은 양의 은행잎이 한꺼번에 쏟아진 건 처음 같다며 우리가 행복하게 잘살 징조라 했다. 그 후 오랜 세월 시댁을 드나들면서 그날처럼 많고 고운 빛의 은행잎이 쌓인 것은 보지 못한 것 같다. 돌이켜보면 가정을 이룬 축복의 선물을 자연에게 받은 것이다.

유리문 밖 은행나무를 보면 그래서 더 정겹고 훈훈한지도 모른다. 살면서 많은 우여곡절도 있고 삐걱대기도 했지만 이만큼 살았으면 잘 살았지 하면서 서로를 격려하고 칭찬도 한다. 단칸방 사글세부터 시작해서 아이들 낳아 기르고 크게 모나지 않게 사람 도리해 가면서 사회의 한 구성원으로 중간쯤 자리에서 살 수 있게 해준 짝꿍이 고맙다. 때론 아들을 둘 키우는 것이라고 투정도 하고 앙탈도 부리지만 큰 웃음으로 넘기고 받아주는 상대가 있다는 것이 참 좋다. 마치 은행나무처럼.

아이가 결혼할 나이가 되었다. 어떤 상대를 만날 수 있는가에 대한 고민보다는 집 장만을 하는 일이 더 큰 걱정이라고 말하는 아이를 보면 안쓰럽기도 하고 답답하기도 하다. 마음에 맞는 사람 만나 살면서 자식 낳아 기르고 그때그때 필요한 살림 하나씩 장만하면서 늘여가는 일이 진짜 재미있고 행복이라고 말해보지만 현실하고는 동떨어진 말이라며 아이는 귀담아 들으려 하지 않는다.

남자가 결혼하려면 첫 번째 조건이 집이 있어야 한다는 것이다. 물론 당사자가 능력이 있어서 집도 있고 갖출 것 다 갖춰서 배우자를 맞이하면 좋겠지만 직장생활 몇 년 해서 집 장만을 한다는 것은 도대체가 무리다. 본인 능력보다는 부모에 기대어 시작하겠다는 심산이다.

물론 능력 있는 부모라면 어려운 일도 아니겠지만 물려받은 재산 없이 빠듯하게 살면서 자녀들 공부시키고 얼마 남은 돈 다 털어서 자식 주고 나면 정말이지 빈털터리다. 그렇다고 집이 있어야 결혼할 수 있다는 자식을 외면할 수도 없고, 그 자식 하나에 올인 할 수도 없고 참으로 난감한 일이다.

분수에 맞는 배우자 만나 양가 축복받으며 서로 어울리는 생각과 잘 살아보겠다는 마음으로 아끼고 사랑하면서 시작하는 것이 가장 훌륭한 혼수여야 하는데 사회에 대한 체면과 이목이 젊은이들을 시작부터 휘청거리게 한다.

은행잎 하나를 결혼사진 옆에 끼우며 행복해하고 비록 빈손으로 시작했지만 서로 보듬고 아끼면서 작은 살림 하나 장만하는 일에도 이마를 맞대어 고민하는 것 또한 다 갖추고 시작하는 것만큼이나 보람된 일임을 젊은이들이, 내 자식이 알았으면 좋겠다.

태양이 서두르는 것은 나무의 나이테를 만들고 그 나이테의 힘으로 또 다른 계절을 준비하기 위함인 것처럼 어렵지만 스스로 극복하면서 삶의 지혜를 배웠으면 하는 바람이다.

제2부

자신을 섬길 줄 알아야 한다

공짜의 유혹

공짜, 참으로 기분 좋게 하는 말이다. 공짜가 생기면 왠지 남다른 혜택을 받은 것 같고 마음이 들뜬다. 조금은 허세를 부려도 혹은 쉽게 낭비해도 좋을 것 같은 느낌이 든다. 이것이 공짜만의 매력일까 아니면 공짜만의 허세일까.

며칠 전 최신 스마트폰을 공짜로 바꿔주는 행사를 한다며 딸아이가 아직 쓸 만한 전화기를 새것으로 바꾸고 즐거워한다. 요모조모 따져보니 그리 큰 혜택이 있는 것도 아닌데 우선 공짜로 준다는 말에 현혹된 것이다. 업체에서도 누릴 이익은 다 누리면서 모양새만 공짜로 주는 양 포장하고 광고한다. 공짜 좋아하는 사람들을 끌어모으는 상술에 딸애도 호갱이 된 것이다.

딸아이를 타박하면서 나 또한 공짜에 자유롭지 못함을 안다. 대형마트에서 하나 더하기 하나 행사하는 상품이 있으면 대부분 손길이 간다. 특히 공산품의 경우에는 아직 충분히 사용할 양이 남아 있어도 몇 개씩 사다 쌓는다.

식품 코너에서 시식을 권하면 못 이기는 척 먹어보고 그냥 돌아서기가 멋쩍어 사게 되고 특히 반짝 세일하는 코너는 절대 그냥 지나치지 못한다. 쇼핑 목록에 들어 있지 않아도, 꼭 필요한 물건이 아니어도 욕심을 낸다.

이러다 보니 재래시장에서는 몇 만 원 어치만 사도 일주일 부식이 충분한데 대형마트는 십만 원을 훌쩍 넘기고도 다음날 아침상에 올릴 것이 마땅찮다. 풍요 속의 빈곤이랄까. 그런 줄 뻔히 알면서도 재래시장보다는 대형마트를 찾는 것은 가끔씩 만나게 되는 공짜 같은 공짜 즉 원 플러스 원의 유혹을 뿌리치지 못해서다.

어떤 매장은 당일 얼마 이상 사면 상품권을 준다는 말에 액수를 맞추기 위해 무얼 더 살까 궁리하게 되고 결국엔 과소비로 이어진다. 그렇게 구입한 제품은 꼭 필요해서 산 것이 아니기 때문에 제대로 활용을 못하는 경우가 빈번하다.

냉장고 구석에 있다가 미처 생각지도 못해 유통기한을 놓치는가 하면 채소 같은 경우는 누렇게 뜨거나 물러서 버려야 하는 이중 삼중의 문제를 만들기도 한다. 가계부를 보면서 다시는 그러지 말아야지 하면서도 막상 매장에 가면 실수를 반복하게 된다.

어디 그뿐인가. TV 홈쇼핑을 보면 수없이 쏟아지는 다양한 상품과 진행자의 맛깔 나는 입담 그리고 늘씬하고 예쁜 모델을 보면서 마치 그 상품을 사용하면 나도 그렇게 될 거라는 착각에 구매를 하게 된다. 무엇보다도 하나의 상품에 몇 개씩 딸려오는 사은품은 외면하기 어려운 유혹이다.

금방 후회할지라도 결국 구매하고 만다. 잠깐 동안의 망설임마저도 나를 말리지 못한다. 특히 옷을 홈쇼핑에서 구매하면 만족하는 경우는 드물다. 설령 맘에 든다 해도 세트상품으로 묶어 팔기 때문에 제대로 활용하지 못하고 상표도 뜯지 않은 채 옷장에서 계절을 넘기고 만다.

옷장 정리할 때마다 다시는 몇 장씩 구매하지 말고 한 가지라도 제대로 된 옷을 구입해서 나이에 걸맞은 품위를 지켜보자고 다짐을 하지만 또 걸려들고 만다. 귀가 얇은 탓인가 아니면 욕심이 많은 때문인가 돌이켜 생각해보면 하나에 하나를 더 얹어주는 덤의 유혹을 견뎌내지 못한 까닭이다.

세상에 공짜가 어디 있겠느냐만 늘 공짜의 유혹에서 벗어나지 못한다. 꼭 필요하지 않으면서 사은품이 욕심나서 구매하고 상품권을 미끼로 한 상술에 걸려든다. 판매자의 입장에서 보면 나 같은 소비자를 향한 마케팅에 성공한 셈이다.

공짜 혹은 덤은 사람을 즐겁게 만든다. 결국엔 제값을 다 치르고 사는 상품일지라도 흥정과 실랑이를 하고 작은 것이라도 덤으로 받으면 돌아서는 발걸음이 가볍다. 대형마트나 정찰제의 상품을 파는 곳에서는 느낄 수 없는 정취지만 재래시장에 가면 에누리와 덕담이 있고 삶의 생기가 넘쳐나서 좋다.

물건에서 얻는 공짜뿐만 아니라 사람과 사람 사이의 작은 배려가 공짜의 행복이다. 덕담을 덤으로 얹어주고 서로에게 힘이 되는 언어의 과소비는 얼마든지 좋다. 공짜의 웃음과 공짜의 행복을 오늘의 사은품으로 당신께 보낸다.

빈집

꽃으로 둘러싼 리무진이 길을 나선다. 살아서 누리지 못한 효가 죽음의 잔치에 화려해진 것이다. 넉넉한 노잣돈과 급조된 설움이 그녀의 길을 열고 있다. 죽음의 만찬처럼 삶의 곡조가 화려할 수는 없겠는가. 마지막은 늘 너그럽기 마련이어서일까.

예고 없는 마지막 축제가 진행 중이다. 자식의 슬픈 곡조가 북망의 길을 열고 몇몇은 의문 섞인 죽음에 의혹들을 발라내지만 세상에 온전한 죽음이 얼마나 있겠는가. 때론 나이 든 부음이 혹은 젊은 요절이 살아있는 자들을 긴장시키지만 세상은 곧 이들을 망각하기 마련이다. 땅속 깊이 심겨지는 자의 몫은 남겨진 자의 빈집을 지켜주는 일인지도 모른다.

노파는 오래도록 치매를 앓아 왔다. 칠 벗겨진 초록빛 대문 앞 화석처럼 웅크려 있던 노파. 아침이면 늘 대문 앞에 나와 언제 적 기우다만 사연인지 아교 같은 눈빛으로 허공을 바느질할 뿐, 그 노인 말이 없다. 실을 꿰어 동그랗게 매듭을 짓고 앞섶을 말아 올려 박음질을 하고

반쯤 풀어헤친 옷고름에 인두질을 하다간 허공을 바라보며 한숨을 내쉬곤 했다. 바람이 불거나 비가 오는 날에도 노인은 문 밖을 지키는 일을 거르지 않았다.

가끔 정신이 돌아오면 땅바닥에 누군가의 이름을 새겼다간 지우고 또다시 쓰기를 반복하다가는 이내 어깨를 들썩이곤 했다. 나무가 그늘을 거둬들일 때까지 그 노인은 같은 자리에서 세월을 감치곤 했다.

얼마 남지 않은 기억을 가슴에 새기려 했음인지도 모를 일이다. 자꾸만 몸 바깥으로 빠져나가는 자식들의 모습을, 그 이름을 심으려 했음일 게다. 풀린 옷고름 사이로 언뜻언뜻 비치는 쪼그라든 젖무덤이 순탄치만은 않았을 그녀의 삶을 대신해주듯 팍팍함이 묻어났다.

노인은 사십 중반에 주정뱅이 남편을 여의고 삯바느질로 자식들을 키워냈다. 일찍 혼자된 시어른은 계집 잘못 들여서 아들이 단명했다면서 자식 앞세운 설움을 며느리에게 쏟아냈다. 하루에도 몇 번씩 대문을 나서고 싶었고, 마음으론 수없이 보따리를 쌌지만 차마 자식들 앞에서 그럴 수 없어 참고 산 세월이었다. 말이 사는 것이지 사람으로서는 도저히 견딜 수 없는 시간이었다.

모진 시집살이와 가난을 보다 못한 이웃이 두부장사 홀아비를 소개시켜주면서 야반도주를 하라고 권하기까지 했다니 그 노파의 삶이 가히 짐작이 된다. 하루에 다섯 시간 이상을 자본 적이 없고 돈이 되는 일이면 어떤 일도 마다하지 않고 일을 했다. 여인이 아니고 어머니이기에 참아낸 세월이 아니었을까 싶다.

때 끼리가 없어도 학비를 늦춘 적이 없으며 밤을 밝히기를 밥 먹듯 하여 바늘에 찔린 상처로 손가락이 성할 날이 없었다. 남의 집 셋방살이 하면서 집세를 제때 못 내 쫓겨나기를 수없이 했다. 아이 하나를 감추고 세를 들어 나중에 주인에게 들통이 나서 눈물로 애원해야 했다.

바느질 일이 적으면 주인집 가사 일을 돌보기도 하고 행상, 품팔이를 해서 시어른 봉양하고 자식들 뒷바라지하여 동네에선 장한어머니로, 효부로 소문이 날 만큼 노파의 삶은 치열했다.

사업가의 여식으로 태어나 고생이라곤 모르고 곱게 자라던 그녀였다. 친정에서는 속옷 한 벌도 손수 빨아본 적 없이 살았는데 혼인한 남자가 바람둥이에 주정뱅이인 천하의 난봉꾼이었다. 처음엔 친정에서 돈을 얻어다 집도 장만하고 남편의 사업자금도 대주곤 했지만 한강에 돌 던지기나 다름없는 형편이 되고 보니 나중에는 차마 친정에 말도 꺼낼 수가 없는 형편이 되었다.

광산업을 하던 부친마저도 사업 실패로 기댈 곳이 없어지고 그 와중에 남편이 병을 얻어 몇 년간 앓다 보니 친정에서 해준 재산도 바닥이 나고 길거리로 나앉을 처지가 되었을 때 남편은 세상을 떠났다.

갖은 고생 끝에 눈물 반 설움 반으로 남부럽지 않게 키운 자식들, 둘은 출가하여 번듯한 가정을 꾸리고 아들은 학위를 받아 미국에 산다고 입버릇처럼 자랑하던 노파. 그녀가 이젠 혼자가 되어 빈집을 지키는 것이다.

자식들 출가시키고 형편도 제법 나아졌지만 그녀는 혼자 있을 땐 웬만큼 추워선 난방도 하지 않았다. 옷도 재활용 시장에서 허름한 것을 사다가 손수 다시 만들어 입을 만큼 검소한 생활을 하면서도 밥 굶는 사람을 보면 쌀 한 포대 들여놔 주었다. 아픈 이웃이 있으면 약 사들고 가서 간병을 하던 그런 분이었다.

하지만 병마는 그녀가 어떤 마음으로 세상을 살았는지 얼마나 성실했는지 상관없이 들이닥쳤다. 그토록 깔끔하던 그녀에게 치매가 온 것이다. 고급 승용차가 대문 앞에 서면 우리 아들이, 딸이 왔다고 지나가는 사람을 불러 세우기도 하고 대여섯 먹은 사내아이가 그 집 앞을 지나면 주머니를 뒤적여 돈을 꺼내주면서 아이고 내 새끼 하면서 쓰다듬기도 한다. 그 아이를 당신의 손자로 착각하는 것이다.

기척 없는 마당에 어미 제비가 새끼들에게 나는 법을 가르치는 것을 하염없이 바라보며 눈시울을 적시던 그녀였다. 혹여 자식들에게 허물이 될까봐 단 한 번도 속내를 드러내지 않고 기회만 있으면 자식자랑에 침이 마르곤 했다.

이것이 이 땅 어머니들의 살아가는 방법이었을까. 자신의 삶을 송두리째 내어주고 견딜 수 없는 외로움에 정신을 놓고 이젠 홀로 삶의 마지막 여정을 걸러내고 있는 것이다. 살아온 세월을 잊고 싶었음일까. 너무나 힘겨웠던 세월을 지우고 싶어서 치매가 그 기억을 지워간 것일까.

그리움을 허공에 새기며 자식을 기다리던 세월, 기워진 허공만큼이나 그녀의 기다림도 망각이 되었을까. 담장 안 목련이 그녀 몫의 그늘을 풀었다 거둬들일 쯤 제초제를 먹었다. 몇 날 며칠을 잡초처럼 시름시름 말라들기 시작하고 음독을 한 후에야 자식의 울타리로 돌아온 그녀가 땅속 깊이 심겨지기 위해 마지막 길을 나서고 있다.

굳게 닫힌 관의 입구를 서성이는 건 향내뿐, 관이 흔들릴 때마다 생전 못다 한 말들이 마지막 유언처럼 삐걱거린다. 문간 밖 그녀를 전송하는 이웃의 안타까움은 침묵으로 전해졌다.

더러는 그녀의 삶을 환기하듯 수군거리기도 하고 더러는 자신의 앞날을 걱정하듯 눈시울을 찍어낸다. 약이 좋고 의약이 발달하여 생명은 연장되고 있지만 노후가 보장되지 않으면 고생이요 오히려 오래 사는 것이 자식들에겐 짐이 되고 죄악이 된다며 지금의 세태를 개탄하는 이도 있다.

이것은 마지막 떠나는 사람에 대한 이별도 안타까움도 아니었을, 적당히 이기적이고 적당히 무력해진 현대인의 무심함이며 시대의 자화상인지도 모른다. 돌봐주는 사람이 없어서 가까스로 목숨만 연명하는 노인이 있는가 하면 홀로 살다가 숨을 거두고도 한참이 지나서 발견되는 일도 종종 있다.

그렇다. 세상 누구라서 자기 삶을 쉽게 내려놓고 싶겠는가. 세상 누구라서 손가락질 받는 인생이고 싶겠는가. 고령화 시대에 접어들다 보니 사회적으로 노인 문제가 심각하다. 어려운 시대에 태어나 나라를 빼앗긴 어려움과 전쟁과 가난을 견디며 나라의 발전을 위해 온힘을 다 바친 세대가 바로 그들이 아닌가.

삼종지도의 골짜기 안에서 목소리 한번 크게 내보지 못하고 부모님 봉양하고 자식들 뒷바라지에 전생을 다 바친 세대가 이젠 고령화 속에서 마지막을 신음하는 것이다. 신음조차 한번 크게 내보지 못하고 음지 속으로 고여 드는 것이다. 사회가 그들을 내몰고 우리가 그들을 외면하고 있는 것은 아닌지 생각해볼 문제다.

젊은 세대들은 부모가 관심을 가져주는 것도, 부모가 자신의 삶에 개입하는 것도 마땅찮아 한다. 서로 각자의 삶에만 충실하길 바란다. 부모의 도리와 역할은 챙기면서도 자식의 의무는 부담스러워한다.

삶의 사각지대를 헤매다 떠난 노인의 모습이 몇십 년 후의 우리의 모습일 수도 있다. 물론 고령화 시대에 맞게 자신의 삶을 어떻게 꾸려갈 것인가 고민하고 자신의 삶은 스스로 개척해나가는 것이 중요한 일이겠지만 영구차의 뒷자락을 보며 씁쓸한 마음 지울 수가 없다.

짜장면에 대한 단상

겨울이 빗장을 푸는 소리가 들린다. 몸속으로 스미는 바람엔 한기가 들어차고 바람이 지나칠 때마다 나무는 잎을 버린다. 노랗게 쏟아진 은행잎을 밟으며 삼삼오오 지나치는 학생들의 모습에서도 늦가을의 정취가 물씬 묻어난다.

단축 수업 때문인지 한껏 멋을 낸 아이들이 거리로 쏟아져 나왔다. 한 뼘은 짧아진 교복 치마에 화장기까지 살짝 있는 십 대들, 빼빼로와 초콜릿이 진열된 상점 안이 북적이고 한산하던 거리가 활기를 찾는다.

그들의 모습을 유리문 밖으로 넘겨다보며 나의 십 대를 생각해본다. 한 시간여 거리를 걸어서 통학했고 성적만큼이나 무엇이든 열심히 했다. 방과 후 늦은 시간까지 학교에 남아 있었고 담임선생님이 집까지 바래다주시곤 했다.

자전거에서 떨어져 무릎을 다친 적도 있지만 밤길이 위험하다며 자전거를 태워주셨다. 조그마한 것이 큰 가방에 눌려 키가 더 안 자라겠다며 걱정해주던 아버지 같은 선생님. 나는 그런 선생님이 좋아서 더 열심히 공부했다.

선생님의 과목인 국어와 한문시간엔 미리 예습을 했고 누구보다도 성실히 질문에 대답해서 눈길을 끌었으며 국어와 한문 성적 또한 상위권이었다.

한없이 커 보이기만 하던 선생님. 열정이 지나쳐 학생들에게 고약한 별명도 얻었고 뒤로는 선생님에 대한 흉도 많았다. 생각해보면 그런 것이 학창시절의 낭만이고 기쁨이었다. 선생님을 흉보는 것도, 사생활에 관심을 갖는 것도, 패션에 관심을 갖는 것도 애정이고 선생님에 대한 기대감이었다.

담임선생님이 음악 선생님과 다정해 보이면 당치도 않은 스캔들을 만들어냈고 교무실에서 교장 선생님께 꾸중 듣는 것을 보면 안타까움에 쩔쩔매며 친구들을 단속하던 곱슬머리 짱 친구가 고맙기도 하고 야속하기도 했다.

화를 못 참으면 교단에 엎드려뻗쳐를 시키고 사정없이 엉덩이를 때렸다. 작은 것이 무슨 죄인지 일 번부터 나오라고 해서 있는 힘을 다해 때리고 나면 중간쯤 되면 선생님도 힘이 빠져서 뒷번 친구들은 살살 때리는 것이 분하고 억울하기도 했다.

지금은 상상도 할 수 없는 일이지만 그 당시는 비일비재한 일이었다. 화가 풀리고 나면 미안함을 감추려고 역사 이야기며 조선시대 왕권을 지키기 위해 벌어지던 사건들을 감칠맛 나게 들려주시곤 했다.

그런 선생님을 실망시키지 않기 위해 모범적인 학생이 되어야 했고 선생님의 믿음만큼 내 성적도 좋았다. 고등학교 입학고사 치르기 전날

선생님은 짜장면을 사주셨다. 나는 중학교 3학년이 되도록 짜장면을 먹어본 적이 없었다.

학교와 중국집은 벽이 거의 붙어 있어서 짜장면 볶는 냄새가 식감을 자극했다. 건장한 사내가 면발을 두드리는 모습을 넘겨다보며 돈을 벌면 짜장면을 실컷 먹겠다는 다짐을 수없이 하곤 했다.

그렇게 먹고 싶었던 짜장면을 막상 앞에 두고는 먹을 줄을 몰라 바라만 보고 있는 나에게 대나무 젓가락을 깊숙이 찔러 넣고 훌훌 섞어 주던 모습이 눈에 선하다. 짜장면 먹고 힘내서 실수하지 말고 시험 잘 보라는 격려의 말씀이 얼마나 고맙고 힘이 되었는지 시험 보는 내내 정말 좋은 점수 받아서 선생님께 칭찬받고 싶다는 생각뿐이었다.

아마도 이맘때쯤이었던 것 같다. 지금도 짜장면을 생각하면 선생님이 그리워진다. 얼마나 아름다운 제자 사랑인가. 학교를 졸업한 후에도 어려운 일이 생기면 선생님을 찾았다. 언제나 내 편이었고 버팀목이 되어주시던 분, 머리는 푸석하고 뿔테안경에 늘 같은 양복만 입어서 단벌 신사라는 별명이 붙은 호랑이 선생님이지만 정이 깊고 따뜻하며 제자 사랑이 남다른 분이었다.

선생님 덕분에 학창 시절이 행복하고 즐거웠다. 살면서 기쁠 때나 힘들 때 혹은 삶의 전환점이 될 때는 선생님을 떠올리게 된다. 중요한 결정을 앞두고 쩔쩔매고 있으면 눈앞에 보이는 현상만 보지 말고 멀리 보는 혜안을 가지라며 충고해 주시던 선생님. 너무 빨리 세상을 떠나셔서 받은 사랑 갚을 수는 없지만 삶의 지침이 되는 스승을 가슴에 담고 사는 것이 큰 힘이 된다.

저렇게 발랄하고 거침없는 아이들 가슴에도 큰 스승 한 분 있다면 얼마나 힘이 될까 하는 생각을 떨어지는 낙엽 속에 던져본다.

사과

친구에게서 사과 한 상자를 선물 받았다. 사과를 택배로 보내면서 흠집이 있다고, 좋은 것 못 보내서 미안하다며 오히려 선물을 주는 쪽이 미안해한다. 지난여름 내륙을 강타한 태풍이 남긴 상처란다. 사과는 먹음직스러웠다. 큼직하고 빛깔도 좋고 당도 또한 높아 맛이 좋았다. 한두 군데 조금씩 마른 흠집이 있을 뿐 먹는 데는 어떤 불편도 없다.

칼집으로 사과의 등을 툭 건드리자 새콤한 향기가 식감을 자극한다. 둥글게 말리며 길게 벗겨지는 사과의 하얀 속살에 봄 한철 환하게 피었던 사과꽃이 들어 있고 주먹만 한 푸름을 붉음으로 익히면서 지난 계절을 뜨겁게 달군 태양의 길이 속속 벗겨진다.

사과가 붉게 익는 동안 과수원 안엔 얼마나 많은 날것들이 들렀다 나갔으며 바람은 어디서 와서 어느 방향으로 커브를 그었을까 생각하다 사과의 작은 상처를 만난다. 태풍 때 가지에 찔린 흔적이다.

농작물이 한창 익을 무렵 한반도를 강타한 태풍으로 피해를 본 농가가 많다. 특히 수확기를 앞둔 과수농가가 피해를 보았다. 태풍이 지나간 길에는 대부분 낙과가 발생했고 나무가 꺾이는 등 많은 문제가 생겼다.

우리도 막 맛이 들기 시작한 대추가 대부분 쏟아졌다. 밭에 그대로 버리기가 아깝고 속상해서 정부미 자루로 주워 담은 것이 서너 자루가 넘는다. 굵은 놈을 한입 베어 무니 먹기는 비릿하고 버리기는 알이 굵다. 올해는 대추가 워낙 실하게 열려서 나눠줄 사람들을 다 정해놓았는데 완전 허사가 됐다.

이런저런 생각을 하며 사과를 깎는다. 우리네야 식구들 먹고 여유 있으면 주변에 나눠먹는 정도의 농사지만 농업을 생계로 하는 친구는 인건비며 농자재 등 소요되는 비용도 많을 텐데 천재지변으로 막대한 피해를 본 고통과 상실감이 짐작이 되고도 남는다.

농사를 짓고 나무를 가꾸는 일은 자식을 키우는 일과 같다. 이른 봄부터 가지치기 하고 거름 내고 병충해 예방을 하면서 농경은 시작된다. 꽃이 피면 수정을 돕기 위해 꽃의 초례청을 차려주고 열매를 솎고 봉지를 씌우는 등 최적의 환경을 만들어준다. 한 번 더 보듬고 보살피는 정도에 따라 성장 속도가 다르고 수확량이 차이 나는 것이 특히 과수농사다.

자식을 키우는 일에 있어서도 어느 한순간 중요하지 않는 때가 있겠는가마는 특히 사춘기와 청소년기를 얼마나 유익하고 보람되게 보내느냐에 따라 삶의 행로가 달라지는 경우가 많다.

혹자는 이런저런 불리한 조건들을 나열하며 자신이 보잘 것 없이 살 수밖에 없는 이유를 주변 여건으로 돌린다. 나를 반성하고 더 나은 방법을 찾기보다는 불평불만으로 가득 차 가족이, 사회가 나에게 무얼 해줄 것인가를 바란다.

하지만 같은 처지에서도 이를 슬기롭게 극복하여 역경을 기회로 만들어 당당하게 제 몫을 다하며 자신의 진로를 개척해가는 젊은이들을 볼 때 이 나라의 밝은 미래를 보는 것 같다. 어려운 환경을 극복하고 올림픽에서 당당히 금메달을 안겨준 체조선수를 보면 얼마나 멋진가. 그가 영광의 자리에 서기까지 얼마나 많은 고통과 좌절 그리고 위기를 넘겼겠는가. 기회는 늘 있는 것이 아니고 위기 또한 어느 누구에게만 찾아오는 것은 아니다. 의지와 신념이 오늘을 만든다.

사과의 당도를 높이고 고운 빛의 사과를 얻기 위해 열매가 있는 부분의 푸른 잎을 제거하고 햇빛이 골고루 들어찰 수 있도록 바닥에 반짝이 비닐을 깔아서 도와주는 농부의 심정 또한 후자의 마음이 아닐까.

바구니에 가득 들어찬 사과가 내지르는 향기로 온 집 안이 새콤달콤하다. 사과를 잘 쪼개면 연애를 잘한다고 했던가. 잘생긴 사과를 골라 양손에 힘을 주지만 사과는 꿈쩍 않고 팔이 먼저 비틀어진다. 비틀어지기만 하던 연애사처럼 시큼 새큼한 기억이 꿀물처럼 뚝뚝 떨어질 뿐 쉽지 않다.

울타리 너머 붉게 익어가는 사과를 보면서 군침을 삼키던 순간을 떠올리며 또 한 번 힘을 가해 보지만 이번에도 낭패다. 사과 하나하나에 들어찼을 친구의 정성이 연말을 훈훈하게 한다. 한 해를 마무리하면서 농부의 마음이 되려 한다. 가족들에게 친지에게 이웃에게 소홀함은 없었는지, 태풍이 강타하듯 본의 아니게 고통을 주지는 않았는지 되돌아본다.

뿌리 깊은 나무가 되어 어떤 강풍이 몰아쳐도 극복할 수 있는, 그런 거목이 되길 바라는 것은 지나친 욕심일까. 기쁨은 함께하여 더 기쁘게 하고 고통은 나눠 덜 힘겨운 삶이 될 때 우리는 덜 쓸쓸해지지 않을까.

독초 이야기

꽃샘추위가 물러간 자리 새순이 빼곡하게 올라왔다. 쑥이며 미나리 원추리 등 어릴 때 밥상에서 보았던 나물이 지천이다. 입맛을 잃기 쉬운 이맘쯤이면 어머니를 따라 들로 나서곤 했다. 아직 갈아엎지 않은 논이나 밭둑에서 꽃다지며 냉이 등 봄나물을 캐서 살짝 데쳐 들기름에 조물조물하면 그 맛이며 향이 일품이었다.

그중 기억에 남는 것은 쑥 설기였다. 나붓나붓 올라오는 쑥을 한 소쿠리 뜯어 쌀가루에 버무려 시루에 찌면 쑥 색깔과 흰쌀이 어우러져 식감이 좋았다. 김이 모락모락 나는 것을 이웃에 한 접시씩 돌리고 우리도 포화상태가 되도록 먹었다.

묵은김치에 길들어 있던 미각이 깨어나는 느낌이랄까. 지금은 사철 시장에서 볼 수 있는 나물들이지만 예전엔 제철이 되어야만 맛볼 수 있었기에 더 기다렸는지도 모른다. 들에서 봄을 캐고 남녘부터 올라오는 봄바람에 흠뻑 젖어 들로 산으로 뛰어다니던 기억이 생생하다.

이맘쯤이면 나물이며 약초를 캐러 다니는 사람을 보게 된다. 나물도 캐고 건강도 챙기고 일거양득 좋은 일이다. 하지만 채취한 것에 대한 정확한 지식과 정보를 알고 먹어야지 자칫하다간 건강을 해칠 수 있다. 산을 찾는 사람이 많아지다 보니 어렸을 때 먹었던 기억과 호기심으로 버섯을 잘못 먹고 목숨을 잃는 불행한 사고를 접하기도 한다.

버섯의 경우 예전에는 흔히 먹는 몇 가지 종류의 버섯만 채취했는데 이런저런 버섯의 효능이 알려지다 보니 헷갈리기 쉽고 또한 섣부르게 아는 지식으로 섭취해서 위험에 빠질 수도 있다. 산나물도 비슷하게 생겼어도 어떤 것은 식용이고 어떤 것은 독초다.

친구가 독초를 먹어 목숨을 잃을 뻔했다. 어느 날 자기 집 뒤란에 토란이 하나 자라고 있더란다. 심은 적이 없는데 웬 것일까 하다가 된장찌개를 끓이면서 재료가 마땅찮아 토란을 뽑아 잘 손질해서 찌개를 끓여 한입 먹었는데 입술이 오그라들고 목이 타들어 가면서 마비가 되어 입에 넣은 음식을 꺼낼 수조차 없는 지경이 되었단다. 간신히 입에 손을 넣어 음식을 꺼내고 병원으로 달려갔는데 무엇이 원인인지 알 수가 없어 제대로 치료를 받지 못해 오랫동안 고생을 했다. 입 안이 헐어 음식을 먹을 수도 없고 음식을 먹어도 속이 아파 견딜 수 없어 무척 고생을 했다. 몇 달이 지난 지금도 얼굴에 붓기가 있고 몸 상태가 좋지 않다고 했다.

그 말을 듣고 토란과 비슷하게 생긴 것이 무엇인가 검색을 해보니 천남성이었다. 천남성은 독성을 제거하고 잘 사용하면 좋은 약재로도 쓰일 수 있지만 독성이 대단히 강하여 궐에서 사약을 내릴 때 사용하기도 하는 매우 위험한 것이었다.

얼마 전 방영한 사극에서도 천남성 열매로 만든 차를 마시고 왕은 죽고 귀빈은 목소리를 잃는 장면을 보았다. 천남성은 깊은 산이나 습한 곳에 주로 서식을 한다고 되어 있던데 어떤 경로로 천남성이 친구네 뒤란까지 왔는지는 알 수 없지만, 생김새도 토란과 비슷하여 무심코 토란이라고 여길 수도 있겠다 싶었지만 끔찍한 일이 아닐 수 없다.

자식 걱정한다고 말도 못하고 그 고통을 혼자 다 받아내는 모습이 안타깝고 딱했다. 요즘엔 몸에 좋다고 알려진 것이 많다 보니 들판에 풀이 안 남아난다고 한다. 민들레며 엉겅퀴 그리고 쇠비름까지 알려지지 않았던 것들의 효능이 속속 들춰지다 보니 효소 담그기 열풍이 불고 있다.

나도 몇 해 전 효소 담그는 재미에 빠져 아카시 꽃부터 시작하여 콩순까지 십여 종이 넘는 효소를 봄내 담갔지만 막상 먹으려 하니 설탕이 너무 많이 들어가서 부담스러웠다. 이런 나를 보면서 인터넷 정보를 너무 믿지 말고 전문서적을 통해 정확한 지식을 알아보라는 지인의 충고가 가슴에 닿았다.

몸에 유익한 것을 먹는 것도 좋지만, 약성을 정확히 따져서 내 몸에 맞는 것인지 혹여 독성은 없는지 잘 따져봐야 한다. 건강하겠다고 먹은 것이 오히려 건강을 해하는 결과를 초래해서야 되겠는가.

특히 과수원은 농약을 살포했는지를 꼭 확인해야 한다. 과수원에 민들레나 냉이가 많다 보니 주인 허락 없이 드나드는 사람이 있다. 최근에도 대추밭에 해충을 제거하기 위해 땅에 농약을 뿌렸는데 나물 캐는 사람이 있어 깜짝 놀랐다. 특히 주의를 요해야 한다.

바람도 순해지고 하루가 다르게 봄이 번지고 있다. 나른한 요즘 싱싱한 나물로 입맛을 돋우고 피로를 푸는 것도 좋지만, 나물의 쓰임새를 잘 알아 오히려 독이 되지 않도록 조심해야 한다.

부메랑

일 년 전 내게 보낸 편지가 돌아왔다. 강원도 정선의 여행지에서 엽서쓰기 행사를 하는데 편지를 쓰면 1년 후 받는 이에게 배달된다는 말에 나에게 편지를 썼다. 그날 이후 잊고 살았는데 우편함에 꽂힌 엽서를 발견했다.

내가 나를 격려하는 글이다. 아마 그때는 많이 힘들었나 보다. 엽서 내용을 보면 '산다는 것이 거친 파도와 같거늘 오늘을 견딘다는 건 하루를 살아낸다는 것, 일 년 후는 지금과 뭐가 다를지는 모르지만 오늘은 이만큼이구나' 하는 내용의 글이다.

엽서를 읽는 순간 먹먹함이 밀려왔다. 돌이켜보면 지난해는 많은 일이 있었다. 딸아이 취업과 함께 직장 근처로 분가를 시켰고 몇 년째 손해 보면서도 붙들고 있던 사업장을 하나로 합치면서 많은 혼란과 고통 그리고 힘겨움이 있었으며 큰아이 혼사도 치렀다.

사는 동안 흔치 않은 큰일들을 한 해에 다 겪어내면서 힘겨웠나 보다. 시간에 묻혀 잊고 살았던 순간이 생생하다. 백운산 정상에서 하루하루 살아낼 힘을 달라는 기원을 하며 꾹꾹 눌러쓴 마음이 애잔하다.

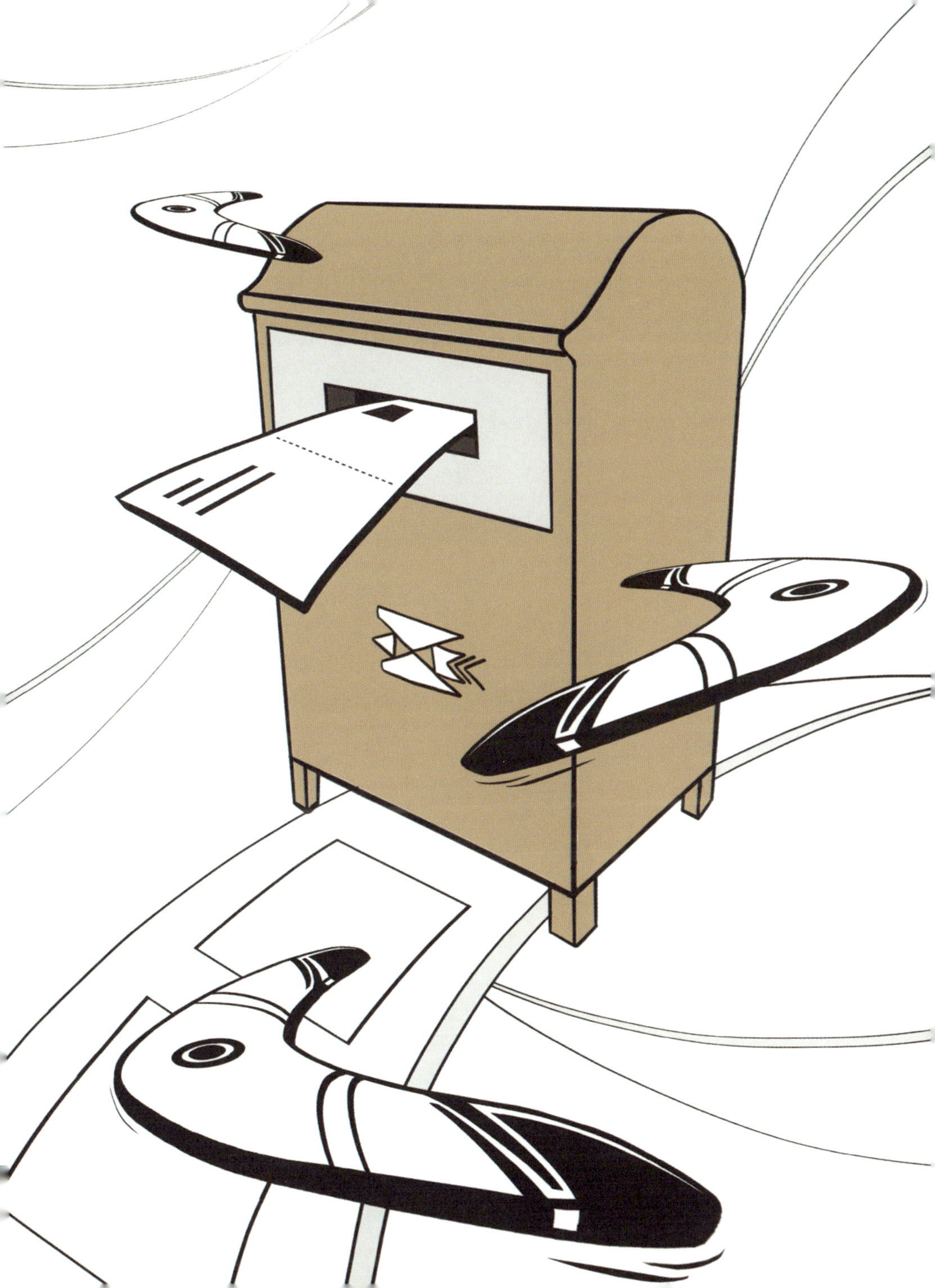

살다 보면 순간순간이 지뢰밭이고 흙탕물이다. 주저앉아 울고 싶고 차라리 도망치고 싶지만 오르막이 있으면 내리막이 있다. 혹한에는 도저히 봄이 올 것 같지 않지만 한숨 돌리다 보면 동장군을 물리치는 봄이 까치발 들고 있다. 이게 세상사다. 엽서를 보면서 많이 힘들었을 텐데 잘 살아냈다고 나 자신에게 격려해주고 위로해주고 싶다.

지금은 손편지보다는 전자우편을 이용하거나 문자 혹은 카톡을 주고받으면서 생활의 편리함과 간편함은 있지만 손편지가 주는 감동이나 여운은 없다. 학창 시절 담임선생님이나 존경하는 선생님께 편지를 보내고 답장을 기다리곤 했다.

그중 지금도 간직하고 있는 편지는 초등학교 4학년 담임선생님의 편지였다. 선생님의 편지를 받고 설레기도 하고 눈물도 났다. 편지를 읽고 또 읽고 보물처럼 간직했다.

키가 작다고 글짓기가 남만 못하다고 서운하게 했는지도 모르겠지만 맨 앞줄에 선 네가, 작은 키에 큰 가방을 메고 다니는 네가, 육성회비를 제때 못 내서 집으로 쫓겨 가던 네가 딱하고 안쓰럽지만 열심히 공부하면 훗날 이 사회에 꼭 필요한 사람이 될 거란다.

지금도 읽어보면 눈시울이 젖어들곤 한다. 아버지처럼 거뭇한 얼굴에 무뚝뚝하고 어눌한 말투의 호랑이 선생님이었고 성적이 떨어지면 시험에 틀린 개수만큼 엉덩이를 맞아야 했지만 인자하고 따뜻한 선생님이셨다.

등굣길에 들꽃 한 아름 꺾어 교탁에 꽂아놓고 밤나무 밑에서 주운 알밤 몇 개 주머니에서 만지작거리며 아꼈다가 슬그머니 선생님 책상에 몰래 올려놓고는 얼굴이 빨개져 돌아서곤 했다.

선생님을 보면서 교사가 되겠다는 희망을 꿈꿨다. 비록 꿈을 이루지는 못했지만 사회에 꼭 필요한 사람이 되라는 주문이 내 삶의 주춧돌이고 나를 지탱하는 힘이 되었다.

이처럼 힘이 되는 말 한마디가, 격려가 삶에 큰 힘이 된다. 지금 내가 일 년 후의 나에게 편지를 쓴다면 어떤 말을 하고 싶을까. 작년에 워낙 큰일들을 치렀기에 당장에 닥칠 큰일은 없다지만 매일매일 그만큼의 숙제는 늘 있다.

감당하기 힘든 큰일이 생기면 그것을 해결하기 위해 큰마음으로 대처하지만 일상에서는 작은 일에 감정 앞세우고 자존심을 세워 상대를 힘들게 한다. 머리와 가슴이 엇나가는 일이 많고 양보하지 않으려 들기에 생활의 잡음이 끊이질 않는다.

일 년 후 내게 돌아올 편지는 아니더라도 지금의 일상을 글로 남겨도 좋을 일이다. 사진을 보면 신체의 변화를 볼 수 있다. 노화해가는 과정이며 표정이 보이듯 지금의 일상을 글로 남기면 훗날 나를 읽어낼 수 있다. 위로가 되는 말 한마디가 살아가는 힘이 된다. 사진을 찍듯, 그림을 그리듯 세월과 함께 변화하는 나를 느껴보자.

텃밭 이야기

푸른 것들의 수런거림으로 들판이 왁자하다. 가뭄에 더디기만 하던 참외는 하루가 다르게 몸집을 불리고, 가지며 고추가 키재기하듯 앞다퉈 크고 있다. 그 녀석들 보는 재미로 아침이 기다려진다.

낮엔 누가 볼까 봐 밤에만 자라는지 자고 나면 다르다는 것을 확인할 수 있다. 옥수수도 제 몫의 계절을 키우느라 분주하기만 하다. 붉게 꺼내놓은 수염이 며칠 사이 마르고 나의 관심도 슬슬 옥수수에게 쏠린다. 수염이 마르면 먹을 때가 된 것이다.

어릴 때는 밭의 울타리가 옥수수였다. 무쇠솥에 옥수수를 가득 넣고 불을 지피면 무쇠솥이 눈물을 흘리고 옥수수 익는 냄새가 구수하게 났다. 한 김 푹 올리고 나서 뜨끈뜨근한 옥수수를 소쿠리에 가득 담아 툇마루에 걸터앉아 먹던 생각에 군침이 저절로 돈다.

옥수수는 한 알씩 떼어먹는 것보다 하모니카를 불듯 양손으로 잡고 쓱쓱 베어야 제맛이다. 검은 알이 듬성듬성 박힌 찰옥수수를 몇 개씩 해치우곤 했다. 어디 그뿐인가. 노랗게 익은 고구마 껍질을 벗기고 잘 익은 김치를 쭉 찢어 동그랗게 말아 입에 넣으면 고구마의 뜨거움과 새콤하게 익은 김치의 시원함이 한데 어우러져 입 안 가득 달콤함이 번진다.

볼이 터지도록 먹다 보면 소쿠리 가득하던 고구마도 바닥을 드러냈다. 아버지 드린다고 남겨뒀던 고구마 두어 개 슬쩍 꺼내오시던 어머니 생각에 고구마를 쪄보기도 하지만 예전의 맛은 아닌 듯하다.

우리 텃밭은 만물상이다. 참깨 두어 줄, 토란 몇 개, 수박 다섯 포기…… 시장에서 볼 수 있는 것들은 대부분 이곳에도 있다. 방울토마토가 실하게 열렸는데 한 포기 시름시름 마르더니 이번에 큰 토마토도 마르기 시작한다. 원인을 알 수 없어 줄기를 잘라보고 뿌리를 캐 보았지만 원인을 알 수 없어 답답하다.

수박도 마디를 세서 순을 주고 정성을 들여도 제대로 크지 않는다. 농사 중 가장 어려운 것이 수박 같다. 속을 알 수 없으니 수확 시기도 애매하다. 먹을 때가 되었느냐고 노크를 해봐도 수박은 답이 없다. 어떤 놈은 농익어 곯아 있고 어떤 놈은 설익어 비릿한 풋내가 난다. 몇 해 동안 수박을 심어보지만 제대로 먹어본 것은 손꼽을 정도니 수박하고는 인연이 없나 보다.

개구리참외도 심었는데 익는 향이 좋다. 그래서인지 익기가 무섭게 들짐승이 수확해간다. 어떤 놈은 아예 꼭지를 비틀어 숲에 숨기기도 하고 어떤 놈은 잘 익은 것만 골라 속을 파먹고 그 자리에 배설물을 쏟아놓고 간다.

짐승이 맛을 알면 그해 농사는 끝이다. 한번은 맛도 못 본 것이 억울해 맞은 덜 들었지만 제법 큰 놈을 골라 땄더니 뻿뻿하고 단맛도 없어 결국엔 버렸다. 울타리를 칠까 올무를 놓아볼까 궁리도 했지만 더불어 먹고 살자는 결론을 내리고 보니 차라리 속이 편하다.

이곳에서 자라는 것이 채소만은 아니다. 땅 밑에 달팽이가 집을 만들고 청개구리가 폴짝거리며 뛰어논다. 토란잎에서 물방울 구르는 모습과 청개구리 뛰어다니는 모습이 하도 예뻐서 풀은 안 뽑고 반나절 내내 그놈들만 관찰한 적도 있다.

자연과 교감하고 한통속이 되어보면 자연의 오묘한 역학과 생존방법을 읽게 된다. 어떤 곤충은 적으로부터 자신을 보호하기 위해 보호색을 띤다. 특히 사마귀는 위협을 느끼면 위협 자세를 취하는데 날개를 들어 올려 살랑살랑 소리를 내며 경계색으로 변하여 자신을 보호한다. 특히 암컷은 교미를 마치고 수컷을 잡아먹는 치밀함을 보이기도 한다. 여러모로 텃밭은 생태 학습장이다.

호박벌이 분주히 드나들고 나면 애호박이 열린다. 감꽃이 떨어지고 나면 어느새 어른 손톱 크기로 감이 열린다. 가끔은 고라니가 튀어나와 가슴을 쓸어내리고 고 녀석이 콩잎이며 고구마순 등 여린 잎을 따 먹기도 하지만 함께 어우러져 사는 모습이 참 좋다.

농사는 하늘 농사가 제일이라는 말이 실감 난다. 하여 콩 심을 때 세 알을 심는 것은 하나는 땅속 벌레들의 몫이고 하나는 새와 짐승의 몫이고 나머지 하나가 사람의 몫이라던 먼 조상들의 지혜를 생각해보면 자연과 사람이 공존하면서 살아가는 법을 일찍이 터득했음이다.

울타리콩도 뜨겁게 달궈진 태양을 감아올린다. 줄기를 뻗어 허공을 감아올리려 애쓰다 서로 뒤엉켜 바닥에서 고개만 휘젓고 있더니 지지대를 세우고 그 위에 망을 씌우니 망을 타고 올라가 쭉쭉 가지를 뻗고 있다.

콩에도 눈이 있나 싶다. 어떻게 알고 망을 감아올리는지도 신기하고 가뭄에 지지부진하더니 작은 양이지만 비가 오고 나서는 하루가 다르게 가지를 뻗고 마디를 늘여간다.

자연과의 소통이 얼마나 아름다운지 들판에 나서면 알게 된다. 가장 정직한 것이 땅이다. 보살피고 손길 닿는 만큼의 기쁨과 보람을 준다. 내 손으로 키운 고추를 밥상에 올리고 애호박을 따서 이웃과 나누는 수확의 기쁨도 있지만 하루가 다르게 자라고 열매를 맺고 익히는 모습을 보는 것만으로도 충분한 기쁨이다. 물론 재미로 이것저것 심다 보니 수확에 연연하지 않아 그렇기도 하지만 자연 속에서 함께 소통하고 더불어 살아감이 좋다.

맹꽁이

저녁을 먹고 학교 운동장으로 나갔다. 운동장을 두어 바퀴 돌다 보니 어디서 낯익은 소리가 들린다. 오랜만에 들어보는 정겨운 소리다. 매엥 매엥~~ 한번 울기 시작하더니 쉴 새 없이 운다.

맹꽁이 소리가 나는 곳을 살펴보니 교문 옆에 있는 맨홀이다. 맨홀을 들여다봐도 맹꽁이는 보이지 않았지만 울음은 힘차다. 저녁 운동을 나온 사람의 발길이 자연스레 맹꽁이 울음 쪽으로 향한다. 서로 맹꽁이에 대한 각자의 추억을 꺼내놓으며 즐거워한다.

내 어린 시절만 해도 맹꽁이는 흔히 볼 수 있었다. 장마철이 되면 펌프가 있던 마당 한 켠 우물가나 지지랑물이 흐르던 뒤란 쪽에서 둥그런 배를 커다랗게 부풀리며 밤새 울곤 했다. 맹꽁이를 잡아 놀기도 하고 맹꽁이가 맹, 하고 울면 꽁, 하고 장단을 맞추기도 했다.

무심코 신발을 신다가 고무신 안에 들어 있는 녀석을 밟았을 때 그 물컹하면서 납작해지는 느낌은 지금 생각해도 온몸에 소름이 돋는다. 맹꽁이가 한 차례 울고 얼마 후엔 장마로 생긴 물웅덩이에 알을 슬어놓았고 그 알이 올챙이가 되면 검정 고무신으로 떠서 가지고 놀았다.

올챙이에 꼬리가 달리고 뒷다리와 앞다리가 나오는 것을 지켜보면서 여름 한철을 보내기도 했다.

형제가 많았던 우리 집은 맏이와 막내의 나이 차가 컸다. 큰언니가 결혼할 때 아직 어렸던 남동생은 매형이라는 말 대신 맹꽁맹꽁하고 부르면서 업어달라고 보채던 생각에 혼자 웃음이 난다.

사람들은 조금 어눌한 행동을 하면 맹꽁이 같다는 말을 해서 맹꽁이가 조금은 덜떨어진 동물로 생각을 할 수도 있는데 매우 영리한 동물이라고 한다. 쟁기발개구리라는 별명답게 뒷발로 땅바닥을 파고 어떤 위험이 닥치면 자기 몸을 감출 수 있는 특별한 재주를 가지고 있다.

맹꽁이와 그렇게 가깝게 놀면서도 맹꽁이가 힘차게 우는 것이 짝을 찾기 위한 구애의 방법이라는 걸 나중에 알았다. 한 놈이 맹, 하고 울면 다른 놈이 꽁, 하고 대답을 하면서 서로의 위치를 알리고 짝짓기를 한다는 것이다.

한평생 땅속에 살다가 장마철이 되면 종족 번식을 위해 유일하게 세상 나들이를 하는 맹꽁이는 서로 멋진 목소리로 구애하기 위해 치열하게 우는 것이다. 울음주머니의 피부가 늘어진 것으로 암수를 구별한다고 한다.

개굴개굴 울면 개구리고 맹꽁맹꽁 울면 맹꽁이로만 알았는데 맹꽁이란 녀석이 얼마나 신비스러운지 차츰 알게 되었다. 개구리가 주로 물에서 생활하는 것과는 달리 맹꽁이는 물을 무서워해서 장마 때만 잠깐 물웅덩이를 찾아 산란으로 하고 다시 숲으로 돌아간다고 한다.

그렇게 흔하게 접하던 맹꽁이가 지금은 환경부 지정 멸종위기 야생동물 2급이라니 안타깝다. 농약 사용과 택지개발 그리고 이런저런 오염물질로 인해 서식처를 잃은 탓이다.

평택의 경우 덕동산에서 주로 서식하면서 우기에 잠깐 내려와 짝짓기를 하고 다시 산으로 숨어든다는 말을 들었는데 이렇게 가까이에서 맹꽁이 소리를 들으니 반갑다. 맹꽁이만 봐도 알 수 있듯 주변의 환경변화에 따라 야생동물들의 생존이 크게 위협받고 있음을 새삼 확인하면서 맹꽁이의 정겨운 울음을 스마트폰에 담는다.

농경이 시작되고 논에 물을 가두면 개구리 울음소리가 밤을 끌어당길 것이다. 그 울음이 정겨운 것을 보면 나의 뿌리는 농경에 있음이 확실하다. 택지개발로 상가나 원룸이 들어서서 농토가 많이 줄어들긴 했지만 저수지를 끼고 있는 논에는 아직 백로가 날고 개구리가 알을 낳는다. 맹꽁이야 장마철 잠깐 울음소리로 자신의 존재를 일깨우지만 개구리는 항시 볼 수 있어 그나마 다행이다. 생태계가 무너지지 않도록 노력하는 배려가 맹꽁이와 함께 사라져가는 동식물을 후손에게 물려줄 수 있는 유일한 방법이다.

들불

바람 잔잔한 날 밭둑에 들불을 놓는다. 라이터를 그어대자 타닥타닥 타들어 가는 덤불들이 바람의 방향을 따라 자리를 옮겨간다. 들깨며 콩 옥수수 등 수확은 별로 없고 가지만 무성했던 것이 잘도 탄다.

콩은 두엄을 내고 심어서 줄기만 무성했고 옥수수는 가뭄에 타고 거름이 부족했는지 꽃피는 것부터 시원찮다. 해바라기는 제법 무성하게 자랐는데 태풍에 대부분 꺾이고 몇 송이만 건져 씨앗은 되겠다.

풀을 감당하지 못해 깔았던 검은 비닐은 수거하고 마늘을 덮고 어린 나무를 감쌌던 짚을 끌어 모아 태우니 밭이 한결 정돈된 것 같다. 들불을 놓는 것은 한 해 농사의 시작이며 땅 밑을 깨우는 일이기도 하다.

풀숲 어딘가에 동면에 들었을 애벌레를 혼쭐내는 일이고 올 한 해도 잘해 보자는 땅과의 약속이기도 하다. 삽날을 깊이 박아 땅을 뒤집자 놀란 지렁이가 꿈틀거리는 것을 보면 흙이 살아있는 것 같아 안심이 된다.

어설프게 농사짓다 보니 모순투성이다. 초가을에 심어야 할 당근을 봄에 심었더니 장마에 다 녹아 없어졌고 토마토를 심고 물을 흥건히 주었더니 열매를 실하게 맺었던 토마토 나무가 비실비실 말라 죽는다. 토마토는 가문 듯해야 한다는데 시도 때도 없이 물을 준 것이 토마토를 죽게 만들었다.

작년에는 콩을 심기가 무섭게 까치와 비둘기가 파먹어서 애를 먹었다. 녀석들이 어떻게 아는지 용케도 콩을 파 갔다. 콩 농사 제대로 지으려면 콩에 약을 발라서 심으라는 이웃의 충고도 있었지만 어차피 하늘이 지어주는 농사이니 같이 먹고 살자 하고 그냥 심었더니 절반 이상은 그놈들 차지가 되었다.

길옆에 밭이 있다 보니 어차피 농작물이 온전한 내 차지는 아니다. 수확기에 접어들면 조금씩 손 타는 것이 있어 신경도 쓰이고 화도 났다. 하여 철망을 쳐야 하나 문을 달아야 하나 고민도 해보았지만 그냥 놔두기로 했다.

욕심내 봐야 다 먹지도 못하고 이웃과 나눠먹는 것이니 필요한 누군가가 가져갔나 보다. 그들이 먹고 나머지 우리가 먹자 마음을 먹으니 편안해졌다.

들불을 놓고 나물을 뜯었다. 봄에 새순 나면 뜯어먹으려고 심어놓은 돌산 갓과 쪽파는 다 캐가고 없다. 봄나물 캐러 왔다가 눈에 띄니 뜯어간 모양이다. 야속하지만 어쩌겠는가. 지천인 냉이만 한 바구니 캤다.

이것저것 파종하고 드나들다 보면 하루가 다르게 자라는 푸성귀를 보게 된다. 먹는 즐거움보다 그것들 자라는 것 보는 기쁨이 더 크다. 밤새 이슬이 키우는지 어린 순들 어제와 오늘이 다르다. 호박은 탁구공만 하던 놈이 며칠 지나 보면 야구공만 하고 곧 애호박이 되어 식탁에 오르니 얼마나 신기한가.

밭에 오가는 기름값으로 채소 사먹는 것이 싸다고 투덜거리면서도 조석으로 밭에 나가 풀 뽑고 물 대주고 풋고추 몇 개 따와 고추장에 찍어 먹으면 하루가 상쾌하다. 말벌에 쏘여 응급실 달려가고 가끔 스치는 뱀에 심장이 조여들 만큼 놀라고 흙과 땀에 뒤범벅이 되어도 마음은 건강해진다.

타들어 가는 불꽃을 본다. 올 한 해 얼마나 많은 하늘이 이곳을 들렀다 갈지는 알 수 없지만 자연에 대한 경이로움과 감사를 배울 것이고 땅이 얼마나 정직하며 하늘이 위대한지에 대해 수시로 놀라면서 농경과 친해질 것이다.

매화나무가 꽃을 잔뜩 머금고 있다. 매화나무는 꽃을 피우기 위해 물줄기를 끌어올리면서 얼마나 숨이 가쁠까 하는 생각에 불길이 가까이 오는 것도 놓쳤다.

농경만큼 정직한 것이 없다. 자연재해에 몸살을 앓지만 가꾸고 정성들인 만큼 보답한다. 불길이 바람의 방향을 읽어 연기를 몰아가듯 나의 농경도 자연에 순응하고 그 안에서 행복할 것이다.

갈증

점심에 먹은 칼국수가 자꾸 물을 찾는다. 수제비와 칼국수를 함께 넣고 끓여주는데 이름하여 칼제비다. 겉절이와 곁들여 먹으면 한 끼 식사로 충분하다.

가격이 저렴하고 양도 충분해서 늘 사람들로 북적인다. 묵은김치만 먹다가 겉절이가 입에서 당겨 먹다 보니 짰나 보다. 물을 몇 컵씩 들이켜도 갈증이 난다. 나이 들면서 가급적 싱겁게 먹으려 노력하고 음식의 간도 조금은 약하게 한다. 짭짤하고 칼칼한 음식 좋아하는 가족들의 불만도 많지만 서서히 길들여지다 보면 입맛도 변하지 않을까 싶어 고집을 피우고 있다.

햇것에 입맛이 돋는 걸 보면 봄이 오고 있나 보다. 시장에 나가 보면 제철 음식이라는 말이 무색하리만큼 모든 것이 풍요롭다. 냉이며 마늘잎 달래까지 싱싱한 채소를 좌판이며 상점 어디든 손쉽게 만날 수 있다.

우리 자랄 때는 정월대보름이 지나면 양지바른 텃밭에서 캐온 봄동을 조물조물 무쳐서 밥상에 올리기도 했다. 언 땅을 비집고 올라서는 미나리를 뿌리째 캐서 먹으면 그 향이 일품이었는데 지금은 직접 들에 나가 나물을 뜯기도 어렵지만 그 맛을 찾을 수가 없다.

먹을거리가 흔해진 까닭도 있겠지만 인스턴트와 기성의 맛에 길들여진 입맛 때문이기도 하다. 입맛도 그럴진대 사람살이라고 다르겠는가. 하루가 다르게 변하는 문명 속에서 조금 더 편하게 조금 더 쉽게 살려다 보니 이런저런 부작용도 따른다.

불량 식자재나 유통기간이 지난 재료 그리고 원산지를 속여 가며 부당이득을 취하는 업체가 고발되거나 단속되는 것을 언론을 통해 보게 된다. 그럴 때마다 먹을거리로 국민을 우롱하고 장난을 치는 사람은 용서해서는 안 된다는 목소리가 커지곤 하는데 제대로 개선이 되는지는 알 수 없다. 외식문화가 발달할수록 음식을 만드는 사람이나 그 음식을 애용하는 사람이나 최소한의 예의가 필요하다.

얼마 전 한 식당에서의 다툼을 보았다. 식당에서 음식을 먹은 사람이 복통을 일으켰다며 손해배상을 요구하는 상황이었다. 이십 대 남녀 여섯 명이 함께 닭복음탕을 먹었는데 그중 한 사람이 복통을 동반한 설사가 나서 병원에 입원했다며 치료비와 위자료를 요구했다. 식당 주인은 자기네 음식은 그럴 일이 없다며 아직 그런 일이 한 번도 발생하지 않았고 무엇보다 재료나 위생 면에서 철저하게 관리하기 때문에 다른 원인이 있을지도 모른다고 했다. 그러자 일행 중 한 젊은이가 화를 내면서 인터넷에 올리겠다며 협박을 했다.

놀란 주인은 거듭 사과를 했고 식당이 가입한 음식물 보험을 통해서 보상해주고 위자료를 챙겨주는 것으로 마무리되는 것을 보면서 어느 쪽이 문제인지는 알 수 없었지만 씁쓸했다. 여섯 명 중 한 사람만 복통이 왔고 그것도 상당한 시간이 흐른 후에 문제제기를 했다는 것에 주인은 억울해 했지만 식당이 상대적 약자이기 때문에 감수해야 한다고 했다. 음식을 만들어 판매하는 사람도 정직하고 바른 자세로 손님을 대해야겠지만 그 음식을 먹는 사람 또한 예의가 필요하다.

요즘 먹는 방송이 대세다. 언제부턴가 음식을 만들고 먹고 홍보하는 방송이 우위를 차지하고 있다. 방송을 통해 음식 만드는 법과 활용법 등 정보를 얻기도 하고 구석구석 찾아다니며 맛집을 소개한다. 상업성이 강한 지나친 광고로 찾아간 맛집이 형편없어 실망도 하지만 반짝이는 아이디어와 주인만의 노하우로 영업이익을 얻고 있다.

싱싱하고 좋은 재료를 사용하여 정직하게 음식을 만드는 기본이 필요하다. 가성비도 물론 중요하지만 건강하고 좋은 먹거리를 제공하겠다는 정신이 손님을 부르는 첫 번째 요건인 것 같다. 처음엔 음식도 맛있고 서비스도 좋아서 찾아간 집이 있다. 물론 번호표를 뽑고 대기를 해야 식사를 할 수 있는 집이었는데 두 번, 세 번 갈수록 음식 맛이 예전 같지 않았다. 물론 찾는 손님도 줄어 대기는커녕 빈자리도 많다. 이렇게 되면 오래 지탱하기는 힘들 것이다. 주방장이 바뀌었나, 아니면 주인이 바뀌었나 하면서 돌아서는 마음이 씁쓸했다.

'처음처럼'이란 말이 참 중요하다. 초심을 잃지 않고 정성을 다해야 한다. 한번 돌아선 고객은 다시 오기 어렵다. 내가 돈을 지불한 만큼 식사가 만족스러워야 다시 찾게 된다. 정성껏 준비한 음식 맛있게 먹고 돌아설 때 한 끼의 행복을 느끼게 된다.

이런저런 생각을 하면서 물 한 컵을 벌꺽벌꺽 마신다. 몸이 원하는 갈증이야 물을 먹으면 되고 조금의 시간이 지나면 해결되겠지만 이웃 혹은 사회적인 갈증은 서로의 노력과 지혜가 필요하다. 음식을 만드는 사람은 음식에 대한 책임과 자부심을 가져야 한다. 사막의 오아시스가 되면 더없이 좋겠지만 세상이 어수선하고 혼란스러울수록 목마른 자에게 물 한 모금 나눌 수 있는 여유가 필요한 때이다.

택배

경칩을 보낸 봄이 빠르다. 둠벙 안엔 벌써 올챙이가 보이고 들녘은 봄을 깨우는 소리로 부산하다. 과수원에 두엄 내고 밭둑을 정리하는 손길이 이젠 농경이 시작되었음을 알린다. 지난가을 파종한 마늘도 가까워진 태양의 거리만큼 싹을 틔웠고 냉이며 봄나물들이 제법 푸릇하다.

모처럼 짬을 내어 집 안 구석구석을 청소하는데 초인종이 울린다. 낮엔 늘 집이 비어 있는 터라 기척을 낼까 말까 망설이다 누구냐고 물으니 택배란다. 더구나 택배는 매장에서 받기 때문에 집으로 올 것도 없어서 망설이다 문을 열어보니 해남에서 온 싱싱한 봄나물이 가득하다.

남쪽에서 챙겨 보낸 봄을 보면서 친구에 대한 고마움과 반가움이 컸지만 택배기사에 대한 미안함이 앞섰다. 물론 감사하다는 인사는 했지만 망설였던 내 마음을 들킨 것은 아닐까, 그렇다면 택배기사는 얼마나 마음이 언짢을까 하는 이런저런 생각들로 복잡했다.

사람이 사람을 믿지 못하는 세상이 되었으니 안타까운 일이다. 어릴 적엔 대문을 열어놓고 살았고 집이 빌 때도 대문을 잠그지는 않았다.

대문을 반쪽 닫아놓으면 빈집이구나 하고 이웃이 살펴주었는데 지금은 모르는 사람이 방문하면 겁부터 난다.

늦은 밤 승강기 앞에 낯선 사람이 있으면 승강기 타는 것이 불편해서 계단을 이용하기도 하고 딴청을 부리다 다음 승강기를 이용하기도 한다. 물론 도처에 감시카메라가 설치되어 있다고는 하지만 두려움부터 앞서는 것을 보면 세상이 그만큼 삭막하고 서로가 서로를 믿지 못한다는 증거이다.

이웃에 누가 사는 줄도 모르고 이사 가면 가나 보다, 또 사다리차를 대놓고 짐을 올리면 그 집에 또 다른 누가 이사를 오나 보다 하면서 강 건너 불 보듯 한다. 이사를 오면 떡을 해서 이웃과 나누고 서로 덕담을 주고받으며 인사를 하는 것도 이젠 옛말인가 보다. 먼 친척보다 이웃이 가깝고 콩 한 쪽도 나눠 먹는다는 말도 그리 실감이 나지 않는다. 상을 당해도 장례식장을 이용하다 보니 연락하지 않으면 알 수가 없다.

얼마 전 아파트 현관 입구에 주차한 승용차 지붕에 구멍이 뚫리는 사고가 생겼다. 위층에서 비타 음료병을 떨어뜨려 차가 파손된 것이다. 차량 파손의 크기로 보아 10층이나 11층에서 던진 것으로 추정된다고 했다.

경찰관이 음료병을 수거했고 피해자가 원하면 지문검식을 통해 범인이 밝혀질 거라고 했다. 많이 망설였다. 범인이야 곧 잡히고 피해보상도 받겠지만 한 통로에 살면서 마주칠 때마다 얼마나 불편할까 혹시

아이의 장난이 아니고 어른의 소행이라면 어떻게 수습해야 하나 하는 고민에 쉽사리 결정을 내릴 수가 없었다.

대략 누가 한 짓인지 알겠지만 심증만 있고 물증이 없었다. 만약 내 짐작이 맞다면 오래전부터 한 라인에 살았고 시시비비를 가리자면 아이들도 불편해질 수 있겠다 싶어 난감했다.

가족과 의논한 끝에 차량은 보험 처리하고 그 일은 없었던 걸로 하기로 했다. 한편으로 마음이 가볍고 한편으론 바보가 된 기분이기도 했지만 사람 다치지 않은 것만 해도 천만다행이라고 위안을 삼으니 서로 마주칠 때마다 불편한 것보다는 그편이 나았다. 현관 앞이라 드나드는 사람도 많은데 사람이 맞았으면 대형사고가 될 뻔한 아찔한 일이었다.

이 모두가 소통 부재에서 생기는 일이다. 뜻밖의 택배를 받으며 난 얼마나 세상을 불신하고 사는가 하는 불편한 진실을 깨닫게 되었다. 겨우내 얼었던 대지도 봄이 오면 새 생명을 밀어 올려 꽃을 피우고 잎을 꺼내 또 다른 계절을 준비하듯 움츠렸던 생각을 열어 나와 내 주변이 행복할 수 있도록 노력하는 봄이 되어야겠다고 마음먹게 되었다.

나를 섬기고 살자

겨울의 초입부터 눈이 잦다. 곳곳에 빙판이 생기고 행인의 걸음걸이가 조심스럽다. 큰길은 제설작업으로 교통상황이 원만한 데 비해 골목이나 음지는 눈이 쌓이고 기온이 급강하하면서 얼음판이다.

적당히 비탈진 언덕을 내려오던 노인이 그만 엉덩방아를 찧고 일어나지를 못해 쩔쩔매고 있다. 아마도 골절상을 입은 모양이다. 겨울이 되면 이런저런 이유로 병상에 눕는 노인이 늘어난다. 겨울은 특별히 건강에 유의하고 신경 써야 할 계절이기도 하다.

팔십에 가까운 어르신의 당부를 잊을 수가 없다. 여자 나이 오십이 넘으면 이젠 자신을 섬기고 살아야 한다고 했다. 그동안은 부모를 섬기고 남편을 섬기고 자식들을 위해 생을 바쳤으면 이제는 그 반만큼이라도 자신을 돌보라 했다.

자식들 입다 내놓은 목 늘어진 티셔츠를 입고 구멍 뚫린 양말 기워 신고 손발 다 닳도록 뒷바라지하고 훗날 내가 너를 어떻게 키웠는데, 아니면 내가 당신 만나 어떻게 살았는데 내 인생은 어디에 있느냐고 땅을 치고 후회해도 한번 간 인생은 되돌아오지 않는다. 이제부터라도 몸이 하는 말을 귀 기울여 들어주고 마음이 뭘 원하는지 살펴주면서 자신의 삶을 찾으라 했다.

다리 성성할 때 여행도 하고 치아 튼튼할 때 먹고 싶은 것 있으면 먹으라고 했다. 자식은 그들만의 세상이 있고 그 세상에 적응하며 살도록 한걸음 물러서서 바라보는 지혜가 필요하다고 했다. 그래야만 칠십이 되고 팔십이 되었을 때 자신의 삶에 대한 후회와 회한이 없을 것이니 이젠 나를 섬기라 하는 말씀이 가슴에 와 닿는다.

갱년기를 보내면서 힘들어하는 내 마음을 읽어주는 것 같아 속이 짠하고 눈시울이 붉어진다. 전에 어르신들이 여자 나이 쉰 넘으면 하루하루가 다르다고 할 때 뭐 그리 눈에 띄게 차이가 있을까 반신반의했었다.

그때만 해도 건강엔 자신이 있었다. 밤을 밝혀 책을 읽거나 영화를 봐도 아침이면 끄떡없이 일어나 새벽 밥 해서 아이 학교 보내고 가게 일도 돌봤다. 짬나는 대로 밭에 나가 들일을 하면서도 그리 피곤하지는 않았는데 한두 해 사이 갱년기에 접어들면서 어떤 위기감을 느끼게 되었다.

몸이 수시로 변화하다 보니 마음도 위축되어 자신감을 잃어간다. 지난여름 장마 끝에 무성해진 풀을 뽑고 와서부터 팔이 욱신거렸다. 괜찮아지겠지 하며 팔이 보내는 신호를 무시하고 예전과 다름없이 팔을 혹사했다. 통증이 심했지만, 이 정도쯤은 스스로 이겨내야 한다고 어떤 조치도 취하지 않았다.

팔의 통증은 계속되었고 그 통증을 무시하고 두어 달이 지나자 밥을 먹는 것이 불편할 만큼까지 왔다. 오른손이 불편하니 자연스레 왼손을 많이 사용했고 왼손 팔꿈치에도 통증이 느껴지자 어쩔 수 없이 병원을 찾게 되었다. 치료가 쉽지 않아 한방으로 양방으로 전전긍긍했지만 별 효과가 없다. 팔이 단단히 화가 났나 보다.

좀처럼 회복될 기미를 보이지 않았다. 팔에게 사과하고 다독거려줘도 그 화를 풀려 하지 않았다. 돌이켜보면 내 몸도 참 많이 수고했다. 오랜 세월 쉴 틈 없이 부렸으니 말이다.

어릴 때는 농경에 바쁜 부모를 도와 일했고 일이 싫어서 농사짓는 사람에게는 절대 시집가지 않겠다고 다짐을 했다. 서비스직에 종사하는 배우자를 만났는데 어려운 살림에 자식들하고 살다 보니 돈 되는 일은 닥치는 대로 하게 됐다. 힘든지 모르고 일했고 건강한 몸을 주신 부모님께 감사했다. 젊어서 몸 아껴야 나이 들어 고생 덜 한다고 걱정하시는 어머니 말씀을 귀담아 듣지 않았다.

주변 사람들에게는 건강을 잃으면 모든 것을 잃는 거라고 입버릇처럼 말하면서도 정작 내 몸 돌보는 일은 소홀하게 된다. 가족 중 누가 조금이라도 아프면 병원 가라 성화를 하고 내가 앞장서 병원 문을 열면서도 내 몸은 그러다 말겠지 좋아지겠지 극복할 수 있겠지 하며 나를 혹사했다. 이쯤 되면 몸도 뿔이 날 만하다.

자신을 소중히 하고 몸과 마음이 건강해야 삶의 활력이 생기고 결국 나와 내 가족을 지킬 수 있으며 내가 행복해야 주변도 행복할 수 있음을 새삼 확인한다. 그동안 큰 비명 없이 잘 견뎌준 몸에 감사하며 나를 섬기고 사는 삶에 충실하고자 한다.

제3부

나무는 가지 끝에서 계절을 연다

자연에 대한 예의

바람의 속도만큼 봄이 번진다. 푸른 것은 입덧을 시작했고 나무는 허공에 길을 내느라 바쁘다. 뒷산을 내려온 산수유가 나를 노랗게 물들이고 강을 건너기 시작했다. 봄이 강타한 들판은 푸른 것들로 수런하다.

느티나무는 연둣빛 순을 꺼내 살랑거리고 몸의 절반을 물에 가둔 버들강아지도 솜털이 보송보송하다. 물가로 내려온 산이 나무를 씻기는지 물결이 일고 키 낮은 풀꽃이 끄덕끄덕 산의 수고로움에 경의를 표한다.

몇 해 전 심어놓은 과수를 돌보기 위해 밭으로 나간다. 두엄을 내고 지난가을 마늘을 덮었던 비닐을 걷어낸다. 마늘 농사는 처음이라 겨우내 마늘이 동사할까 싶어 짚을 깔고 그 위에 또 비닐을 덮어놓았더니 발아가 안 된 마늘이 반이다. 너무 더워서 곯은 것 같다.

대추나무 가지치기를 한다. 제법 많이 자랐다. 작년에는 대추꽃이 피질 않았다. 잎과 가지만 무성할 뿐 꽃을 피우지 않던 녀석들이 키만 잔뜩 키웠다. 눈을 살펴가며 가지치기를 한다. 서툰 솜씨로 웃자란 놈을 잘라주고 무성한 가지를 쳐낸다.

이 가지도 아깝고 저 줄기도 아까워 나무를 자르는 일이 만만치가 않다. 정성을 다해 키운 나무를 쳐내는 일이 부담된다. 감나무, 자두나무는 병충해와 싸우느라 군데군데 상처가 많이 났다. 팔에 힘을 잔뜩 주고 톱질을 하여 병든 가지를 잘라낸다.

지난해 겨우 건진 몇 알의 대추를 어머님 제상에 올리면서 '내년에는 농사 잘 지어서 크고 싱싱한 대추로 올릴게요.' 하고 가슴으로 한 약속을 지킬 수 있을지는 모르겠지만 가지를 쳐내는 일이 나무에 대한 예의인가 하늘에 대한 예의인가 하는 생각에 붙들려 잠시 일손을 멈추고 하늘을 올려다본다. 하늘은 여전히 평온하다.

매화는 꽃을 피워 밭이 환하다. 벌이 열심히 드나든다. 가끔 나비도 보인다. 매실 농사는 풍년이었다. 매실액 담가 친지들과 나누는 재미가 쏠쏠했다. 꽃으로 보아 올해도 매실 걱정은 안 해도 될 것 같다.

흙 한 삽 뜰 곳 없는 척박하던 살림에 자그마한 밭을 장만하여 몇 가지 유실수를 심고 상추며 가지며 밭을 일궈 푸성귀를 키운다. 몇 년 묵어 묵정밭이 된 땅을 일구는 것이 쉽지 않지만 땅을 파헤칠 때마다 고물거리는 지렁이와 땅 밑 벌레의 꿈틀거림을 보며 아직은 살아있는 땅, 흙이 건강해 보여서 안심이 된다.

언제부터 세를 들었는지 달박달박한 달팽이와 알을 품다 소스라치게 날아오르는 꿩이 나를 더 놀라게 하기도 한다. 어찌 보면 주객이 전도된 밭이다. 농경에 서툴러서인지 곡식보다 더 무성한 풀들, 잡초를 뽑아주고 며칠 후 가보면 또 수북하게 자란 풀을 보면서 농사는 하늘 농사가 으뜸이라는 생각을 한다.

썩은 호박 속에 고여 든 고물고물한 벌레와 해바라기를 타고 올라선 나팔꽃이 먼저 인사하고 시도 때도 없이 번지는 칡덩굴이 햇살을 칭칭 감아올린다. 밑동을 잘라내도 어느새 또 그만큼 자라 있다.

들판에 나오면 깨닫게 된다. 자식을 키우는 일이나 곡식을 키우는 일이나 순리에 따르고 하늘의 뜻을 따라야 한다는 것을 말이다. 능력보다 앞서는 욕심과 내 자식은 될 거라는 기대심리가 서로를 어렵게 한다는 것을 자연은 말없이 일깨워준다.

흙 몇 삽 퍼 땅을 갈아엎고 묘목을 심고 그 묘목이 자라 꽃을 피우고 제 몫의 과실을 매달고 태양과 비와 바람을 불러들여 키우는 모습이 참으로 아름답고 신기하다. 계절의 속도에 따라 에너지를 쏟아낼 유실수들, 겨우내 가뒀던 새순을 꺼내놓은 줄기를 자르는 것이 미안하고 안쓰럽다.

문득 자연에 대한 예의, 나무에 대한 예의를 얼마나 지키고 살았는가 헛웃음이 나온다. 몸을 열어 새순을 꺼낼 준비를 하는 나무가 얼마나 가쁜 숨을 몰아쉬며 물을 끌어올리고 있을까 하는 부질없는 감상이 턱을 괴게 하지만 가슴에 고이는 봄이 제법 깊다.

봄을 심다

나무 몇 그루 들고 밭으로 나간다. 지독한 한파로 몸살을 앓던 들판도 생기를 띠기 시작하고 어디서 날아들었는지 참새 몇 마리 이 나무 저 가지 날아다니며 봄을 옮기기에 바쁘다. 냉이며 민들레는 벌써 파란 잎을 꺼내놓았고 나무도 입덧을 시작하는지 꽃눈을 살짝 내놓은 것도 있다.

삽날을 세워 흙 밑을 깨운다. 몇 삽 흙을 퍼내자 흙도 태양이 낯선지 빠르게 물기를 걷어내며 푸석해진다. 삽 끝에 걸려드는 칡뿌리를 툭툭 내리쳐 보지만 쉽게 끊어지지 않는다. 지난봄에 걷어내고 남았던 칡덩굴이 제법 굵은 뿌리를 내리고 있다. 질긴 생명력이다. 줄기를 걷어내고 그 위에 농약을 발라 다 죽은 줄 알았는데 이렇게 많은 뿌리를 키우고 있었구나 싶어 뿌리를 잘라내는 것이 좀 미안했다. 살아남는 것이 얼마나 고단한 일인가 싶기도 하다.

호두나무 여덟 그루와 감나무 열 그루를 심었다. 구덩이를 깊게 파고 물을 주고 묘목을 넣은 후 정성스레 밟아준다. 아직은 어린 묘목들이지만 이삼 년 지나면 꽃을 피우고 열매를 맺을 것이다.

호두를 보면 시아버님이 생각난다. 어느 해 정월 네 알의 호두를 주시면서 식구가 넷이니 보름날 새벽에 일어나 부럼을 깨물라 하셨다. 부럼을 깨물어야 한 해가 무사태평하고 만사가 잘 된다며 꼭 아이들과 부럼을 깨물라 하셨다. 하지만 아이들도 싫어하고 나 역시도 요즘 세상에 뭐 그럴 필요까지 있나 싶어 그냥 장식장 서랍에 넣어둔 채 잊어버리고 있었다.

그해 초여름 아버님께서 돌아가시고 한참이 지난 후에 우연히 보게 된 서랍 안의 호두 네 알, 벌레가 슬어 하얗게 쏟아낸 분비물을 보자 눈물이 핑 돌았다. 네 알의 호두를 잘 닦아 손 안에서 굴러본다. 그 호두가 손 안에서 움직일 때마다 아버님의 생전에 말씀들이 되살아나는 듯하다. 흙처럼 정직한 것이 없고 농사짓는 사람은 들판에 곡식이 자라는 것을 보면 자식을 키우는 것처럼 흐뭇하고 기쁘다고 하셨다. 하루 자고 나가보면 밤새 이슬이 내려 곡식을 키워놓곤 한다며 흙에서 나서 흙으로 돌아가는 일처럼 좋은 일이 뭐 있겠냐 하셨다. 농사를 천직으로 아시던 분이셨다.

반쯤 굽은 허리, 깊게 팬 주름과 거친 손길로 계절마다 각기 다른 먹을거리를 장만해놓으시던 아버님, 오늘따라 더 그립고 다하지 못한 효도가 못내 마음을 무겁게 한다.

그 호두나무를 심었다. 짠한 마음에 한 삽 한 삽 정성 들여 흙을 토닥이고 물을 주었다. 이 호두가 열리면 가장 먼저 아버님께 올려야지 하는 급한 마음도 앞선다.

심은 지 몇 년 된 대추나무에 가지치기를 한다. 물이 올라 가지가 흥건히 젖어 있다. 잘려나간 가지를 보면서 나무가 강이라는 사실을 깨닫는다. 물기를 빨아올리고 그 기운을 허공으로 밀어내며 푸른 잎을 키웠을 나무들. 지난해는 꽃이 필 무렵 갑자기 기온이 뚝 떨어져 꽃이 냉해를 입어서인지 대추가 붉어지면서 대부분 쏟아졌다.

사람의 일이거나 자연의 일이거나 넘치거나 모자라지 않게 적당하기가 얼마나 어려운 일인가. 요즘 들어 부쩍 지구에 여러 변화가 빠르게 일어나고 있다. 여러 가지의 원인을 말하고 대책을 내놓고 있지만 불안하지 않을 수 없다. 자연의 대재앙 앞에 속수무책일 수밖에 없는 상황들을 떠올리며 웃자란 가지를 잘라내고 보조막대를 세워 나무를 고정하는 작업도 했다. 군데군데 보이는 벌레의 집을 떼어주고 지난 계절 가지를 타고 올라간 잡풀을 걷어낸다.

천여 평방미터의 작은 밭이지만 이 땅의 주인인 잡초를 뽑아내도 줄어들지 않는 것을 보면 하늘 농사가 제일 훌륭하다는 생각도 든다. 풀 뽑고 비 한번 온 후에 밭에 가보면 언제 뽑았느냐 싶게 무성해진 풀이 신기하기도 하고 야속하기도 하다.

때론 바람의 길이 되어주고 날것들의 안식처가 되기도 했을 이 작은 공간. 풀을 뽑다 보면 고물거리는 지렁이와 땅 밑의 생태계, 제 집을 지고 다니는 달팽이까지 작은 우주를 볼 수 있다.

올 한 해 얼마나 많은 풀이 이 밭에 뿌리를 내릴 것이며 얼마나 많은 자연이 이곳에 들러 또 다른 생태계를 꾸려나갈지는 모를 일이지만 몇 그루의 나무를 심고 가꾸면서 자연과 소통하고 자연 속에서 숨 쉬는 법을 배운다. 나무가 제 안에 강줄기를 내고 그 강줄기가 허공의 주인이 되고 가을 되면 나무는 지상을 버리고 다시 뿌리로 깊어져 또 다른 계절을 준비할 것이다.

내가 몇 그루의 호두나무를 심으면서 아버님을 떠올리고 몇 알의 대추로 조율이시(棗栗梨柹)를 생각하는 것처럼 끼리끼리 뿌리를 내리고 사는 일이 얼마나 소중한가를 일깨워본다. 머잖아 이 밭에 찾아들 꽃과 나비, 어디서 지난겨울을 보냈는지는 알 수 없지만 주인처럼 찾아들 벌레들, 진정 이것들이 이 땅의 주인이다.

빈 들

추수를 끝낸 들판이 자분자분하다.

들녘을 보면 공룡의 산란지 같다. 알곡을 털어낸 볏짚이 하얀 무게를 들쓴 채 이곳저곳에 널려 있다. 하얗거나 까맣게 포장된 거대한 짚더미가 마치 공룡의 알처럼, 들판의 주인인 것처럼 휴경의 한철을 버티고 있다.

내가 자랄 땐 밤을 꼬박 새우며 벼 타작을 하고 알곡을 털어낸 빈 짚은 짚가리를 쌓아 겨우내 사료로 쓰고 이엉을 만들어 지붕을 헤이고 그리고 외양간에 깔아 퇴비를 만들곤 했다.

하지만 요즘은 수확이 끝나면 발효제를 첨가하고 기계를 들이대어 원형의 포장을 해서 그대로 들녘에 놓아둔 채 필요할 때마다 사용한다. 기계화가 낳은 또 다른 풍경이다.

원형으로 만든 짚더미를 보면 공룡을 떠올리게 된다. 이것들을 가만히 들여다보고 있으면 공룡 알 같다. 인류의 기원을 가두고 태양의 길을 열어 원시의 생각을 가둔 거대한 울림, 그 안에서 꿈틀거릴 생명체를 생각하게 된다.

그 빈 들에서 아버지를 본다. 물꼬를 터 대지의 젖을 물리고 태양을 불러들여 일조량을 조절하고 한여름을 견뎌 수확까지 끝내고 이젠 바람이 잘 빠져나갈 수 있도록 샛길을 내는 것이 아버지의 세상살이 같다.

봄이면 논물을 가두고 겨우내 쉬고 있던 농기구를 깨워 손질하던 아버지. 물푸레나무로 코뚜레를 만들고 소가 새 풀 맛을 보면 입맛을 잃는다고 멍에를 씌우고 소의 잔등을 토닥이며 들로 향하던 아버지.

소의 느릿한 천성 때문인지 아버지와 오랜 세월 함께했기 때문인지 아버지와 소는 늘 친구처럼 서로를 아꼈다. 워낭소리만으로도 소가 원하는 것을 알아챌 만큼 아버지와 소는 한 몸이었다. 소가 힘들어하면 우리는 봄 쑥의 뿌리를 캐어 소의 보양식을 준비하곤 했다.

소를 잘 키워야 농사를 제대로 지을 수 있다며 여름엔 소 등에 파리를 잡아주고 겨울이면 덕석을 만들어 입히던 아버지였지만 가족들에겐 그리 넉넉하진 않았다, 때론 모질만큼 엄하고 타협이라고는 모르는 분이었다. 장날이면 술을 거나하게 드셨고 그 술이 다 깨도록 우리는 걱정을 들어야 했다. 팔남매를 차례로 앉혀놓고 훈계하셨고 꾸벅꾸벅 졸면서 아버지의 술이 깨거나 지쳐 잠드시길 기다리곤 했다.

이런저런 생각을 끌고 천천히 저 알 속으로 들어가서 원시와 만난다. 또 다른 과거를 부화시키기 위한, 그렇다면 내가 찾는 꿍꿍이는 유년이었단 말인가. 마치 오래된 비밀을 가두고 있는 창고처럼 숱한 기억을 저장하고 추억을 묶어둔 채 또 다른 나를 꿈꾸었을까.

새참 심부름에 꾀가 난 나는 몰래 마신 몇 모금의 막걸리에 취해 짚단 가리에서 잠이 들었고 식구들은 저물도록 오지 않는 아이를 찾아 나섰다. 그 덕에 쫓겨나지 않을 만큼 야단을 맞았다. 모내기를 하는 날이거나 벼 타작을 하는 날은 으레 동생을 봐줘야 하기 때문에 학교는 결석이었다.

그런 날은 쌀밥을 먹어서 좋기는 했지만 선생님의 회초리 또한 만만치가 않아서 등에 업힌 동생을 꼬집어 울린 적도 숱하게 많았다. 한 번은 내리 사흘 동안 벼 타작을 하느라 등교를 못했다. 호랑이 같은 선생님이 너무 무서워 할머니가 돌아가셨다는 거짓말을 얼떨결에 하고는 며칠 동안 얼마나 무서워했는지 모른다. 매를 피하는 것보다 정직하지 못한 것이 훨씬 더 힘들고 무서운 것이라는 것을 호되게 배웠다.

짬이 나면 소 풀을 뜯기고 먹을 물을 길어야 했다. 소가 동심원 안에서 풀을 뜯고 한가롭듯, 우리의 동심원은 집안일을 하는 것이었다. 하여 남들 다 좋아하는 방학이 싫었고 나가 놀고 싶고 도시 아이의 무리에 끼고 싶었으며 어쩌다 친구가 주는 초콜릿 한 조각이 부러움이었다. 이렇게 나의 유년은 자연 속에서 함께했고 더불어 사는 법을 배웠다.

내가 성장하는 동안 세월이 변했고 두 아이의 엄마가 되었다. 들판

은 오염되고 나의 젊음 또한 산성화되고 있었음일까. 빠르게 변화되고 발전하는 과정 속에서 산성화된 토양은 몸살을 앓기 시작했다. 허연 배를 드러낸 물 밑의 생태계와 과다한 농약과 비료 사용으로 웃자라 제 무게를 견디지 못해 엎어진 나락들 속으로 아토피가 살아나고 알레르기가 우리의 삶을 긁적이게 한다. 산업화의 흔적이 농경지로 몰려들고 몰래 버린 양심이 땅을 죽였다. 허물을 벗길 때마다 자국으로 남는 생태계가 이제 인간을 거부하기 시작했다. 내가 이루고자 했던 나와 내가 지키고자 했던 자식들. 거름이 너무 무성하면 잔바람에도 벼가 쓰러지기 쉽고 토양이 척박하면 나락이 영글지 않아 쭉정이가 됨을 새삼 깨닫는다.

정도를 지키는 일, 그리고 나락이 잘 영글도록 적당히 영양을 공급하는 일이 모성이며 역할임을, 들판엔 바람과 태양 구름이 들렀다 나가고 그 안에서 곡식이 자라고 날것들과 풀 그리고 우리의 희망이 깨어나고 있음을 본다.

볏짚을 보면서 공룡 알이라고 생각하는 이 거대한 착각 속에서 덜 비워진 삶이 속출하고 삶의 이면에서 오종종 떨고 있는 불구의 햇살을 본다. 흰 무게를 들쓰고 있는 지푸라기들을 난 지금 세상의 안쪽으로 굴리고 싶은 것인지도 모른다. 아니 아예 끌어안고서 부화를 꿈꾸는지도 모른다.

바람 순한 들녘 노을이 마른 허공에 철새들 몇 뿌려놓고 있다.

유월의 노래

새소리에 눈을 떴다. 근처 밤나무에서 조잘대는 작은 새 두 마리가 어찌나 시끄러운지 더는 누워 있을 수 없어 벌떡 일어나 창문을 연다. 훅 밀려드는 새벽의 신선한 공기 속으로 밤나무 꽃의 특유한 향이 밀려든다.

커피 한 잔을 들고 하루가 다르게 짙어지는 들판을 본다. 먼 곳의 개 짖는 소리와 과수원 약 뿌리는 소리 그리고 이른 출근에 나선 이웃이 가로막힌 차를 빼기 위해 분주히 움직이는 것을 이방인처럼 바라본다. 가까이 보이는 초등학교에 있는 접시꽃도 활짝 피었다.

탁구공만 하게 자란 배와 철조망을 타고 올라 붉게 핀 장미가 새벽 이슬에 한결 싱그럽다. 낯설지 않지만 왠지 낯설게 느껴지는 풍경 속으로 생각을 몰아넣는다.

밤꽃이 필 때면 빗장을 채우고 동네 아낙들을 단속해야 한다는 말처럼 밤꽃엔 사랑을 불러들이는 마법이 숨어 있나 보다. 딸이 여섯인 우리 집도 늘 분주했다. 2년 터울로 낳은 딸들을 단속하느라 아버지는 늘 바쁘셨던 것 같다. 푸르뜸 사내와 눈이 맞은 언니는 아버지의 눈을 피해 밤 마실을 나서곤 했다.

어린 나를 데리고 아랫집 마실 다녀온다고 허락을 받고 나와서는 적당히 따돌리고 언니는 푸르뜸 사내를 만나곤 했다. 잠깐만 기다리고 있으면 과자 사가지고 온다고 해놓고는 밤이 늦도록 나타나지 않았다. 남의 집 처마 밑에 쪼그리고 앉아 무섭기도 하고 모기에 물리기도 하면서 언니를 기다린 적이 한두 번이 아니었다.

꼬리가 길면 잡힌다고 언니는 결국 들통이 나 쫓겨나기도 했지만 언니의 연애담은 한동안 동네 사람의 입방아에 오르내렸고 그럴 때마다 엄마는 창피해서 못살겠다며 언니를 쥐어박곤 하셨다.

나의 비밀을 살짝 들춰보면 초등학교 시절 같은 반 녀석이 아버지의 담배를 몰래 들고 나와 밤나무 밑에서 한 개비씩 나눠 피고는 한참을 쿨럭였다. 냄새와 어지러움을 견디지 못해 도랑으로 달려가 멱을 감고 입을 헹궜지만 다음날까지 입에서 나는 담배 냄새를 들킬까봐 제대로 말도 못했었다. 신혼여행 다녀오던 날 시댁 뒤란에서 밤송이를 까면서 시어른께 듣던 총각 시절 남편의 바람기에 아차 싶었던 때가 새록새록 떠오른다.

살면서 남편이 얄미울 때, 트집 잡고 싶을 때 가끔 써먹기도 하지만 유월이 되면 그리움이 봇물처럼 번진다. 감꽃을 주워 목걸이를 만들고 옆집 마당에 떨어진 노랗게 익은 살구를 서로 주우려고 달려들고 솎아낸 풋복숭아를 벅벅 문질러 닦고 감미료를 발라 먹던 것을 생각하면 지금도 입 안에 신 침이 가득 고인다.

밤꽃이 피었다. 가시에 찔린 기억도 있고 알밤처럼 탱글탱글 윤기 나는 그리움도 있다. 가슴 찔린 아픔도 혹은 밤나무 밑을 지나다 툭, 떨어진 밤송이에 맞아 쩔쩔매던 순간도 삶의 과정일 것이다.

꽃을 피우고 한여름 찌는 더위와 태풍 그리고 폭우를 지나쳐 비로소 하나의 알밤으로 거듭나듯 계절에 순응하고 세상에 길들여지면서 사는 것 또한 지혜임을 생각하는 유월이다.

새가 깨워준 아침, 녀석들은 여전히 분주하다. 이 나무 저 가지를 옮겨 다니며 뭐 그리도 할 말이 많은지 조잘대고 나뭇잎을 뒤척이던 바람이 초록 물이 듬뿍 들어 창 안으로 달려온다. 밤꽃이 지는 속도로 내 상상도 옮겨갈 것이고 푸른 함정에 빠진 내 그리움 또한 유월의 노래로 퍼질 아름다운 아침이다.

삶의 골조를 세우는 일

미세먼지 걷힌 후 멀리까지 보이는 풍경이 한 폭 수채화다. 저만치 과수원에 있는 빨간 한옥지붕과 저수지 그 너머 아파트 그리고 분주히 오가는 차량의 행렬까지 무엇 하나 거슬리지 않는 풍경을 커피 한 잔 들고 넘겨다본다.

담장의 해바라기는 초등학교 아이들의 하루를 담아내는지 빼곡하게 익어가고 바로 앞 미루나무에서 재잘대는 까치 소리만 아니었다면 이대로가 그림이다. 너른 정원을 품고 사는 일은 행복이다.

수천 세대의 아파트가 들어선 이곳은 과수원이었다. 얼었던 땅이 풀릴 즈음 과수나무에 두엄이 뿌려지고 병충해를 예방하는 경운기 소리가 새벽을 열면 머잖아 배꽃이 피었고 벌 나비가 날아들었다. 달 밝은 날 바라보는 과수원은 흰 물결로 출렁였고 배가 익어가는 속도로 계절도 흘렀다.

멀리 개 짖는 소리와 굴뚝에서 피어오르는 연기 그리고 철 따라 피고 지는 들꽃과 새소리와 한통속이 되어 살았다. 도심에서 좀 떨어지긴 했지만 20여 년 이런 행복과 여유를 누렸다. 아침에 눈 뜨면 자연을 품을 수 있고 무엇보다 아이들 잘 키워냈고 별 탈 없이 살았으니 교통이 다소 불편한 정도는 견딜 만했다.

대단지 아파트가 들어선다는 소문이 무성하더니 배나무가 잘려 나갔다. 기계톱 소리에 쓰러지는 나무의 비명이 천지를 흔들고 허공을 울렸다. 바리케이드가 쳐지고 새소리로 시작되던 일과 대신 중장비와 건설 장비들 소리로 소란했다. 흙먼지가 날아들고 소음으로 인한 불편이 이만저만이 아니었다. 아침에 닦아놓은 거실이 저녁이면 흙먼지로 붉었다.

지역주민을 무시한 시공사는 공사를 당장 중단하라는 현수막이 내걸렸고 평온한 휴식은 사라졌다. 크레인 사고로 인명피해가 발생했고 사고가 발생한 장소를 보는 것만으로도 불편했다.

아침에 있던 집이 저녁이면 공터가 되어 있고 교회당도 며칠째 헐렸다. 설교는 옥탑 위 십자가에 매달리고 수십 년 수타면으로 유명하던 중국 음식점도 사라졌다. 길동무 되어주던 풍경들 대신 크레인이 자리 잡고 덤프차가 분주히 드나들었다. 터전을 잃고 거리로 내몰린 짐승들 또한 납작한 죽음이 되어 자주 눈에 띄곤 했다.

대단지 아파트 건축 공사를 시점으로 주변 지도가 바뀔 정도로 개발이 급속도로 진행되면서 시큼하게 익어가던 살구가 계절을 초대하던 시절은 회상으로만 남게 되었다.

환경이 바뀌고 그동안 누리던 평화가 사라졌다는 아쉬움과 서운함에 거처를 옮겨야 하나 고민하게 됐다. 갖은 고생 끝에 결혼 7년 만에 장만한 집이었다. 여기가 우리 집이냐며 우리 이제 여기서 살아도 되느냐고 묻고 또 물으며 기뻐 어쩔 줄 모르던 아이들을 보면서 그동안 고생시킨 것이 미안했다. 늦었지만 좋은 환경에서 자랄 수 있게 됐다는 안도감이 컸다.

무엇보다 감기를 달고 살던 작은 아이가 환경이 좋아지면서 건강이 좋아졌다. 하루하루 느끼는 행복과 기쁨이 해마다 배꽃으로 피어났고 배가 익어가듯 형편도 나아졌다. 무엇보다 아이들 성장과정이 곳곳에 묻어 있는 보금자리를 두고 내 의지와는 다르게 밀려나듯 이사할 궁리를 해야 하는 것이 서글프기도 했다.

대형 건설사에서 시작한 아파트 공사는 빠르게 진행됐다. 터파기 공사가 시작되는가 하면 3층, 5층 빠르게 올라갔다. 골조를 세우고 대형 크레인이 자재를 들어 올려 아귀를 맞추고 시멘트가 비벼지는 것을 보면서 건설사에 대한 야속함, 속상함과는 달리 배꽃 향기 스민 저곳에 입주할 누군가의 일상이 꽃처럼 향기롭고 행복하길 바랐다.

입주자 중 누군가는 집을 장만하기 위해 나만큼 아니 나보다 더한 고생과 노력을 했을 것이기에 좀 더 견고하고 아늑한 삶의 터전이 되길 바랐는지도 모른다.

뻐꾸기를 비롯한 산새들의 노래가 벽을 감싸고 배꽃 필 때 벌과 나비가 초례청 차리듯, 햇살이 통과할 창문과 바람이 빠져나갈 문 사이에 적당한 높이의 조명을 설치하고 층계마다 들꽃의 향기를 새겨 넣음으로 내가 누리던 즐거움을 이들에게 나눠줬으면 좋겠다는 바람이 생기자 뿔 달렸던 마음이 차차 편해졌다.

집을 짓는 일은 삶의 터전을 만드는 일이며 인생을 짓는 일이기도 하기에 집을 짓는 과정을 바라보는 일이 예사롭지 않다. 아름드리나무가 있던 자리에 생긴 정문을 보며 나무의 길을 짚어본다. 나무의 흔들림이 노래가 되지는 못했지만 이곳을 드나드는 사람들은 넘어지는 법을 터득하며 삶의 진리를 배워갈 것이다.

가지 많은 나무일수록 흔들림도 많겠지만 때론 매미처럼 큰 소리로 울며 탈피를 꿈꾸기도 할 것이다. 모진 바람에도 굳건히 견디며 탐스런 열매 맺으며 자신들만의 보금자리를 완성해 가며 흔들리지 않는 깊은 뿌리를 내릴 것이다.

내가 고민하는 사이 26층이 완성되었고 주변정리가 시작됐다. 우려와는 달리 낮게 있던 둔덕이 없어지자 저수지가 한눈에 들어왔고 초등학교 덕분에 앞이 탁 트였다. 나무와 풀로 무성하던 과수원이 정원이 되었다.

봄이면 활짝 피어 빛나던 배꽃은 볼 수 없지만 아이들의 재잘거림과 웃음소리가 어떤 꽃보다 환하고 활기찼다. 운동기구가 생기고 사잇길마다 영산홍과 조경수가 심겨져 한결 산뜻해졌다. 적당히 휘어진 길과 길의 끝에서 서로 만나는 또 다른 길이 마치 이웃과 화합되는 상징성이 있는 것은 아닐까 싶다.

내가 소비한 감정은 더 이상 불편이 되지 않았다. 단지 내 교차로에 신호등과 이정표가 생기고 상가가 들어찼다. 이웃이 생겼고 사람들로 북적였다. 이른 새벽 과수원에 농약을 뿌리던 농기계 소리 대신 각 가정에서 새어나오는 불빛들로 출렁였고 그 안에서 그들의 삶과 행복이 쌓여가는 소리로 분주했다.

그런 울림을 따라 푸른 질서가 잡히고 계절도 피고 질 것이다. 주변이 개발되면 불편이 많을 거라는 염려가 기우였음을 보여줬다. 이웃이 생기면서 교통량이 늘어났다. 무엇보다 아파트와 아파트 사이에 목요장터가 생겨 함께 나누고 어우러지는 한마당 소통의 장이 마련이 되어 좋았다. 저녁이면 포장마차가 들어오고 카페 거리를 계획하며 입주민과 함께 어울릴 수 있는 공간을 만들기 위해 노력하는 모습이 아름답다.

건물과 건물 사이 그리고 그 주변에 녹지를 조성하고 쉼터를 마련했다. 떠났던 새들이 돌아오고 벌과 나비, 매미가 돌아왔으니 참으로 다행스런 일이다. 하지만 미세먼지로 공기의 질이 저하되고 코로나19 전염병으로 마스크에 의존하는 요즘이다. 전광판은 미세먼지 농도를 알리기에 바쁘고 어쩌다 올려다본 하늘이 파랗게 빛날 때의 반가움은 우리가 얼마나 나빠진 환경 속에서 살고 있는지를 여실히 보여주고 있다.

주변이 개발되면서 얼마나 많은 아파트와 상가가 더 들어설지는 모르지만 환경보존과 개발은 엇박자를 내기 마련이다. 자연환경을 훼손시키는 무분별한 개발이 생태계의 파괴와 자연재해라는 재앙을 불러오기도 한다. 이는 곧 인간의 존엄성을 훼손하는 일이며 자연과 사람이 공존하는 기회를 박탈하기도 한다. 그렇다고 자연을 그대로 두고 개발하기는 실로 어렵다. 상황에 맞게 짜임새 있는 개발로 사람 중심의 환경을 만들어가는 것이 중요하다.

나무는 가지 끝에서 계절을 연다

입춘과 우수 사이에 있다. 태양은 가까워졌고 바람은 푹신해졌다. 물가에 버드나무는 봄물을 끌어 올리느라 분주하고 마디마다 겨울을 견딘 꽃눈들은 몽실몽실 제 몫의 계절을 준비하느라 바쁘다.

나무는 가지 끝에서부터 새롭게 시작한다는 말이 생각난다. 깊어진 뿌리를 기둥 삼아 가지 끝부터 계절을 시작하는 모습이 대견하다. 겨우내 몸 안에 저장했던 기운을 봄이 되면 서둘러 잎을 꺼내고 꽃을 선보이는 나무들. 그 나무를 위해 바람은 구름을 불러들이고 태양을 끌어들이며 한 계절을 묵묵히 펌프질했을 것이다.

시작이란 늘 새롭다. 요즘 학교 앞을 지나다 보면 졸업식으로 왁자하다. 졸업 문화도 많이 바뀌었다. 우리 때만 해도 졸업식 노래를 부를 때면 눈시울이 붉어졌다. 졸업가 2절을 다 끝내기도 전에 여기저기서 훌쩍거리는 소리가 들렸고 선생님과 친구들에 대한 이별의 아쉬움을 감추지 못했다. 그런데 요즘의 졸업식장 분위기는 자유와 해방, 축제의 분위기 그 자체다.

졸업은 또 다른 시작의 알림이다. 누군가는 졸업을 끝으로 사회로 진출할 것이고 아직 공부를 마치지 못한 사람은 또 다른 과정을 밟아가기 위해 새로운 도전을 할 것이다. 그러고 보면 2월은 교차로인 셈이다.

나무는 겨울을 견디고 꽃과 잎을 꺼내기 위해 분주하고 졸업을 한 사람은 또 다른 과정을 시작하기 위해 교차로에 서 있다. 때로는 파란불이 켜져 쉽게 교차로를 빠져나가기도 하지만 간혹 쉽사리 바뀌지 않는 빨간불 앞에서 초조와 긴장으로 신호가 바뀌기를 기다린다.

그나마 횡단보도가 있고 신호등이 있다면 그 신호에 맞게 움직이면 되지만 그렇지 못한 길도 만나게 된다. 신호등이 꺼지고 점멸등만 있는 교차로에 서 보라. 횡단을 하자니 차들이 너무 빠르고 차 속을 비집고 건너자니 무서운 위험이 뒤따른다.

하지만 주춤거릴 수도 없고 멈출 수도 없는 조급함이 우리의 등을 떠민다. 나 혼자만 이 위험한 길 위에 놓인 것 같은 불안과 초조에 휩싸인다. 이럴 때일수록 호흡을 크게 하고 주변을 한번 돌아볼 여유가 필요하다. 한 걸음만 물러서서 현실을 직시할 용기가 필요하다.

이렇다 할 명문대학을 졸업해도 취직이 어려워 졸업을 미룬 채 구직활동을 하는 취준생이 있는가 하면 용돈벌이라도 하겠다며 편의점이나 식당 같은 곳에서 시간제 아르바이트하는 학생이 주변에 많다.

몇 년씩 준비하여 막상 취업해도 직장에서 적응하지 못하고 다시 구직활동을 하며 온갖 스트레스와 눈치를 보는가 하면 학창 시절에 받은 학자금 대출을 상환하지 못해 제대로 사회생활을 해보기도 전에 신용

불량자로 전락하는 것을 보면 안타까운 일이다.

경기 침체로 인한 청년실업률 급증 등 많은 사회적 악재가 있지만 좌절하지 말고 희망과 용기로 새로운 도전을 할 때다. 겨울의 혹독함을 이긴 나무일수록 뿌리를 깊이 내린다. 물줄기를 가동시켜 무성한 잎을 꺼내고 태양과 구름이 머물다 갈 수 있는 자신만의 영역을 만든다. 그늘을 만들어 누군가의 쉼터가 되기도 하고 무성한 잎으로 한여름의 태풍을 막아내기도 한다.

이런 과정이 세상을 살아가는 진리이고 세상에 순응하는 방법이다. 2월이면 많은 변화가 생긴다. 나무가 가지 끝에서 새로운 계절을 열듯 지나온 길을 되짚어 새롭게 시작하는 길에 밑거름으로 삼는다면 조금의 어려움과 두려움은 용기와 지혜로 극복할 수 있다. 새롭게 시작하는 모든 이들에게 힘이 되는 2월이면 좋겠다.

망초꽃 핀 들녘

몇 년째 개발을 미룬 논에 망초꽃 지천이다. 바람에 일렁이는 것이 흰 파도처럼 거대하다. 건들바람이 드나들고 날것들 숨어들기에 딱 좋은 곳이다. 벼가 심겨져 있어야 할 곳이 풀들의 천국이 되었다.

비옥한 땅이 잡초로 뒤덮이고 망초꽃이 물결을 이루는 것을 보고 있자니 안쓰럽다. 개발에 묶이기 전까지만 해도 가을이면 탐스럽게 익은 나락이 황금물결을 이루던 곳이다. 물론 지주들은 몇 년 분의 보상을 미리 받고 농사를 짓지 않기로 해서 물질적인 손해는 없다고 하지만 농산물을 수입에 의존하는 우리나라의 실정을 감안해 본다면 참으로 졸속 행정이 아닐 수 없다.

농사를 천직으로 알고 살았던 농부가 저 땅을 바라보고 있으면 얼마나 속이 상할까. 땅을 아는 사람들, 흙과 함께 한 생을 산 사람의 마음은 오죽 답답할까. 농자천하지대본야(農者天下之大本也)라 했거늘 한두 해도 아니고 몇 해씩 저 많은 농토를 묵히는 것이 화가 난다.

아버지는 하지 지나고 감자를 캔 논에 늦은 모내기를 했다. 천수답이라 한 방울의 물이 아쉬워 아버지는 밤을 새워 물과의 전쟁을 했다. 형제처럼 지냈던 이웃도 이때만큼은 양보도 미덕도 없었다.

물꼬 싸움에 큰 소리가 오갔고 클 대로 큰 모를 심을 수 있는 것만으로도 한시름을 놓곤 했다. 논두렁에는 콩을 심고 산을 개간해 농사를 지었다. 어디든 곡식을 심을 수 있는 곳이면 무엇이든 심었다. 산짐승이 내려와 농작물을 해치고 산그늘에 수확이 적어도 한 줌의 땅이라도 묵히지 않고 농사를 지었다.

나도 여가 삼아 몇백 평 밭농사를 짓는다. 하루 이틀만 들에 나가 보지 않으면 궁금해서 좀이 쑤신다. 애호박이나 오이가 겉늙는 것은 아닌가, 고추밭에 병이 생긴 건 아닐까, 얼마나 많은 풀이 밭을 점령했을까 해서 밭으로 가보곤 한다.

집과 밭의 거리가 좀 멀어서 차량으로 이동해야 하기 때문에 자유롭게 드나들 수는 없지만 아침에 눈 뜨고 가장 먼저 생각하는 것이 밭이다. 풀죽어 있다가도 물을 주거나 비가 오고 나면 생기가 돌아 마디를 늘이고 열매를 매달고 익히는 것이 기특하기도 하고 신기하다. 매일매일이 다르다. 자급자족하는 즐거움도 있지만 이놈들 커가는 모습이 더 볼 만하다.

들판의 나락은 농부의 발걸음 소리에 익어간다는 말도 과장된 것은 아니다. 특별한 일이 없어도 삽 한 자루 들고 들에 나가 물꼬도 살피고 작물의 생육상태를 보는 일로 농부의 하루가 시작된다.

주인이 얼마나 부지런한가는 농작물이나 농토를 보면 알 수 있다.

사연이야 어떻든 잡초가 무성하고 작물이 병충해에 시달리고 있는 것을 보면 안타까움이 앞선다.

지금이야 살기도 좋아졌고 먹을거리들이 풍요로워졌지만 내가 자랄 때만 해도 오월이나 유월쯤이면 식량이 부족했다. 장래쌀을 얻고 남의 농사를 짓고 품앗이를 하면서 보릿고개를 넘기곤 했다. 춘궁기에 장래쌀 한 말을 얻으면 가을에 추수해서 한 말 반을 갚아야 했으니 쌀 한 톨 허투루 하지 않았다.

저물녘 들에서 돌아온 어머니가 덜 영근 보리를 방아에 찧어 밥을 지으면 푸르뎅뎅한 빛이 돌면서 풋내가 났다. 감자가 듬성듬성 들어 있는 보리밥을 시큼하게 익은 열무김치와 쓱쓱 비벼 밥 한 그릇 뚝딱 먹어치우곤 했다.

늦은 저녁을 마루에 둘러앉아 먹고 하늘을 올려다보면 손톱을 깎아 던진 듯한 초승달과 그 아래 북두칠성이 보이곤 했던 기억이 어렴풋이 난다. 각자 자기 띠와 태어난 달의 별자리 이름과 뜻을 찾아보기도 하고 반딧불이를 잡아 병에 담아놓고 어둠을 밝히기도 했다.

트랜지스터라디오를 머리맡에 두고 유행가를 따라 부르기도 하고 고무줄로 칭칭 동여맨 라디오의 잡음을 줄이기 위해 라디오를 수시로 때리곤 했다. 왜 그때의 라디오는 맞아야 소리가 났을까.

이런저런 생각을 하면서 묵정밭을 바라다본다. 추억이 된 유년과 개발로 몸살을 앓고 있는 농경지가 대립된다. 개발도 발전도 필요하지만 짜임새 있는 행정으로 불필요한 낭비를 줄이는 것 또한 땅을 사랑하는 방법이 아닐까 싶다.

매실 익는 아침

매실 익는 냄새에 선잠을 깬다. 베란다 항아리에서 매실이 익어가고 있다. 시큼한 듯 달달하니 그 냄새에 어머니가 보인다. 어머니는 밀주를 담그곤 하셨다. 그때만 해도 쌀이 부족하던 때라 술 담그는 것을 금했기 때문에 가끔 관청에서 순찰을 돌았고 걸리면 벌금을 물기도 했단다.

우리도 형편이 그리 넉넉한 것은 아니었지만 막걸리를 좋아하는 아버지를 위해 어머니는 수시로 술을 담갔다. 밥을 고슬고슬하게 지어 뒤란에 깔아놓은 멍석에 편 다음 거기에 누룩을 골고루 섞어 항아리에 담아 윗방 아랫목에 놓고 이불을 덮어놓으면 하루가 다르게 술 익는 냄새가 났고 일주일 지나면 술이 완성되는 듯했다.

누룩이 부글부글 끓어오르고 말간 술이 고이기 시작하면 아버지는 시도 때도 없이 항아리에 사발을 담그곤 하셨다. 막걸리 한 사발에 두부김치를 곁들인 아버지는 잘 먹었다며 입을 손으로 쓰윽 닦고는 부엌문을 나서며 흡족해 하시던 모습이 지금도 눈에 선하다.

막걸리를 걸러내고 난 지게미는 우리들 몫이었다. 감미료를 타서 먹으면 기분도 좋아지고 알딸딸한 느낌이 들었다. 하루는 학교 갔다 와서 가마솥을 열어보니 솥은 텅 비어 있고 부뚜막에 술지게미가 있길래 찬장을 뒤져 감미료를 타서 한 사발은 먹은 듯했다.

집이 빙글빙글 돌고 걸음을 걸을 수가 없었다. 발을 디디면 허공에 걸음이 놓이는 듯했다. 한참을 실랑이 한 후 그 후 기억은 없다. 들에서 돌아온 어머니가 저녁밥을 다 먹도록 내가 나타나지 않자 찾아 나선 모양이다. 책가방이 마루에 있는 것으로 보아선 학교에서 돌아온 것은 분명한데 아무리 찾아도 없더란다.

온 동네가 발칵 뒤집히고 동네 사람들도 찾아 나섰는데 나중에 보니 마루 밑에서 자고 있더란다. 부모님이 놀란 만큼 꾸중도 대단했고 한동안 동네 사람들의 놀림감이 되었다. 어디 그뿐인가. 새참으로 막걸리 심부름을 자주하곤 했다.

아랫마을 주막집에 가서 막걸리 한 주전자 받아가지고 아버지 일하는 논까지 가려면 한 시간은 족히 걸렸다. 가다 지치면 한 모금 마시고 가다 힘들면 또 한 모금, 길바닥에 철퍼덕 주저앉아 한 모금, 쫄렁쫄렁 흘리기도 하고 아차 싶어 주전자를 열어보면 술이 너무 적은 듯해 우물에서 물을 조금 타기도 했다.

술이 왜 이렇게 싱겁냐는 물음에 모르는 척 딴청을 피우기도 하고 다시는 술을 먹지 말아야지 다짐하지만 심부름 길에 또 슬그머니 주전자 꼭지에 입을 댔다. 그러고 보면 꽤나 일찍부터 술을 배운 셈이다.

막걸리를 보면 그때의 술지게미 맛을 잊을 수가 없다. 거칠거칠하면

서도 달달하니 목 넘김이 나쁘지는 않았던 것 같다. 지금은 다양한 브랜드의 막걸리가 생산 판매되고 있지만 그 당시에는 말통 술을 주전자에 퍼 담아 팔았기 때문에 주모의 기분에 따라 술맛이 달라지기도 하고 술 배달하는 사람에 따라 술이 싱겁기도 하고 맛있기도 했다.

모내기하는 날이나 벼 타작하는 날처럼 동네에 일이 생기면 말통 술이 배달되었고 양조장 집 딸은 인기가 많았던 것으로 보아 막걸리의 인기는 그 시절이 더 좋았던 것 같다.

깜깜한 밤 막걸리 심부름이 가장 싫었다. 마을을 지나 저수지 둑을 건너고 한참을 더 가면 주막이 나왔다. 칠흑 같은 어둠에 뒤따라오는 발걸음이 있으면 뒷덜미를 낚아챌 것 같아 무섭고 사람 기척이 없으면 앞산에서 움직이는 시퍼런 불빛이 오금을 저리게 했다.

둑을 건너면 일정시대에 팠다는 동굴이 있었다. 그 동굴에서 학살이 있고 난 뒤부터 날이 궂거나 하면 긴 머리에 소복을 한 처녀귀신이 살려달라며 쫓아오기도 하고 통곡하며 우는 소리가 바람에 들린다는 말에 온 신경이 동굴이 쏠리곤 했다. 추운 날도 동굴을 지나면 식은땀이 날 정도로 무서웠다. 마을의 범죄는 그곳에서 발생했지만 그곳을 거치지 않고는 마을로 들어갈 수 없기 때문에 늘 두려운 동굴이었다.

간혹 저수지에서 익사한 시체를 건져 거적으로 덮어 둑에 올려놓고 연고자가 나타나길 기다릴 때는 대낮에도 접근이 어려워 남의 과수원을 통해 돌고 돌아 등하교를 하곤 했다. 지금은 개발에 밀려 내 집이 있던 자리는 도로가 되었고 저수지만 남아 유년의 기억들을 대신하고 있다.

매실 익는 아침, 항아리에게 풍기는 달달한 냄새가 오래전 향수를 끌어낸다. 막걸리 한 병 들고 아버지께 다녀와야겠다. 고인이 되신 지 수십 년이 되었지만 막걸리를 벌컥벌컥 들이키시던 모습이 아직도 눈에 선하다.

365일 더하기 3박 4일

보리가 막 영글기 시작한 가파도의 물빛은 파랬다. 파랗다 못해 검붉었다. 누런 일렁임과 파도가 한통속으로 섬을 두르고 있는 이곳에 세 자매가 발을 들여놓았다.

가파도, 친환경 명품 섬이라고 적힌 표지석에 서자 바람이 먼저 달려왔다. 누렇게 펼쳐진 보리밭과 구름 둥둥 떠다니는 하늘 그리고 술렁이는 바다가 섬사람들처럼 편안했다. 멀리 송악산과 산방산이 보였고 나지막한 지형 덕분에 해안 길 걷기가 순했다. 소뿔이 휘어질 정도로 거칠다는 바람을 밀며 도는 풍차 곁엔 구멍 숭숭 뚫린 틈으로 들꽃이 환하게 피었다. 돌 틈을 비집고 올라선 들꽃이 언니를 닮은 것 같아 예쁘면서도 짠했다.

언니의 회갑을 기념하며 나선 여행이다. 정 많고 사람 좋아하는 그녀의 세상은 녹록지가 않았다. 베풀고도 곤욕을 치르는 일이 많았고 피난처처럼 택한 결혼 생활은 혹독하리만큼 대가를 치러야 했지만 좌절보다는 희망을, 슬픔보다는 기쁨을 기억하며 자신의 삶을 슬기롭게 견뎌냈다. 언니를 닮은 듯 바람과 파도를 동무 삼아 환하게 핀 꽃이 정이 갔다.

우리의 웃음은 끊이질 않았다. 오지랖 넓은 언니와 다르게 동생은 새침때기였다. 자랄 때도 그랬다. 어떡하든 자신 몫은 챙겨야 직성이 풀렸고 결국에는 해내고 말았다. 약간의 허세도 있고 입담도 좋아 주변 사람이 심심할 틈이 없었다. 서른 초반이었나? 쇼 윈도우에 전시된 옷을 입고 싶은데 비싸서 살 형편은 못되고 끙끙 앓다가 병이 났고 결국은 그 옷을 입을 정도였다.

나는 조금 손해 보는 것이 편하다고 생각하는 사람이다. 딸 여섯 중에 가장 못생기기도 했지만 열 베풀면 그저 셋 정도 돌아오면 그것으로 됐다 하는 셈법으로 살다 보니 주변에 적은 없는데 궂은일은 도맡아하게 된다.

이렇게 한 뱃속에서 나왔지만 각기 다른 세 자매의 여행은 좌충우돌 옥신각신 즐거움을 함께했다. 가파도가 빚어낸 길에서 유년의 기억을 소환하고 성장의 순간순간을 되새김하다 엎어지고 뒤집어지며 철썩이는 파도가 딸 여섯 세상살이 같다며 눈물을 찍어내기도 했다.

가장 낮은 곳에서 가장 멀리 그리고 가장 높은 곳을 볼 수 있다는 섬, 더러는 바람에 떠밀리며 놀멍쉬멍 걷는다. 돌담길 안쪽으로 낮은 지붕과 사이사이 누렇게 익어가는 보리, 저 까끌함 속에 어머니가 보인다고 했다. 맏이로 태어난 언니는 보리죽을 먹고 자랐다. 보리에 풋기가 가시면 어머니는 풋보리를 훑어 나무절구에 찧곤 하셨다.

초승달이 사립문 끝에 걸리고 등잔불이 부뚜막의 어둠을 갉아먹을 때쯤 풋내 나는 보리죽이 무쇠솥에서 구수하게 끓었고 두레밥상에 모여 앉아 끼니를 때우곤 했다. 나는 넷째라 그나마 보리죽보다는 보리밥을 먹었다.

파도 따라 눕다 서기를 반복하는 보리밭처럼 누렇게 익어가는 언니, 그녀의 젊음은 푸릇하지만은 않았다. 사춘기 무렵 산을 하나 넘어 등하교하는 남학생에게 우산을 내주었다는 이유로 쫓겨난 후 객지로 떠돌았다.

아버지가 무서워 집에 못 들어오고 가발공장으로 방직공장으로 떠돌다 열 살도 더 많은 남자와 눈이 맞았고 동거를 시작해서 자식을 품에 안고서야 대문을 들어섰다. 몇 번이나 문전박대를 당했지만 허락을 받았고 그때부터 다시 가족으로 돌아올 수 있었다. 재산이라곤 몸 하나밖에 없는 사내를 만나 온갖 고생을 했다. 과일 행상이며 채소장사 등 돈 되는 일은 뭐든 하면서 자식을 키웠고 참고 견디는 법을 터득한 언니는 억척스럽게 살았다.

가파도 돌담에 붙여진 소라껍데기 같았다. 속없는 빈 몸으로 담에 붙어 바다 건너에서 달려온 여행객을 받아내고, 바람 소리 담아내며 희게 반짝이는 소라껍질 같은 언니, 무꽃 하나 꺾어 머리에 꽂아주자 꽃보다 자신이 더 예쁘다며 너스레를 떤다.

벼르고 별러 나선 여행에서 파도가 더해진다는 이름의 가파도를 선택한 것은 행운이었다. 해산물이 듬뿍 들어 있는 해물짬뽕과 해삼과 소라를 곁들인 해물 한 접시 그리고 막걸리 한 사발로 점심을 먹었다. 돌담에 얹혀 말라가고 있는 다시마의 짭조롬하면서 쌉싸름한 맛이 세상의 맛 같았다.

물질하던 해녀가 물 밖으로 나와 토해내는 숨비소리처럼 그렇게 힘겨움 토해내며 더러는 숨이 막힌다고, 더러는 일상에서 탈출하고 싶다는 외침은 바다로 뛰어들어 파도에 뒤척였다.

푸른 보리가 영글어가면서 황금빛으로 출렁이듯, 인생은 낡아가는 것이 아니라 익어간다는 유행가 가사처럼 우리는 그렇게 익어가면서 주어진 현실에서 살아내는 법과 견뎌내는 법을 터득하며 팔자타령도 해보고 운명의 장난에 야속해하기도 한다.

누구든 제 몫의 삶이 있다. 봄처럼 새순이 돋는 날도 있고 땡볕과 천둥 번개와 맞서 한 시절을 견뎌야 다른 계절을 맞이할 수 있다. 삶은 견딤이라는 말을 굳이 하지 않아도 내가 선 길 위에서, 살아내야 할 인생이라는 링 위에서 힘껏 뛰고 안간힘을 쓸 것이다.

나를 돌보고 나를 찾는 일을 소홀히 하지 말기를 바라는 것조차도 사치스럽게 여겨지는 일상이다. 가파도에서 만난 노파는 젊었을 때는 바다에서 살았고 나이 들면서 보리를 재배한다고 했다.

자식들 공부시키는 재미에 죽음이 문턱에 와도, 파도가 큰 입을 벌리고 위협을 해도 맞서 싸울 힘과 용기가 있어 견딜 수 있었다고 했다. 파도가 바람을 두려워하지 않는 것처럼 우리 세 자매도 세상을 두려워하지 않는다. 길 위에 부려놓은 생각과 마음 닿는 곳마다 내려놓은 일상과 기다림 그것이 우리가 세상을 살아가는 방법이다.

우리나라 유인도 중 가장 낮은 섬, 폭풍우가 거셀 때 파도와 바람의 위협도 받겠지만 이 땅에서 뿌리내리고 사는 어머니와 어머니의 또 어머니들은 이 섬을 굳건히 지켜냈기에 아름다움과 평온이 있는 것이다.

우리가 여행자로 온 가파도는 누군가의 삶의 터전이고 대를 물릴 우리의 소중한 문화유산이며 명품 섬이다. 삶도 명품이 되기 위해서 스스로 노력해야 함을 알기에 그 노력이 빛을 낼 때까지 언니는 열심히 살아낼 것이다.

여행에서 만나는 낯선 사람과 낯선 풍경과 세 자매의 재잘거림이 흘러들어 더 파래졌을 바다와 낮게 흔들리는 들꽃들 모두가 길손들이다. 이 섬에 우린 주연도 조연도 아닌 비록 세파에 밀리고 휩쓸려 상처 난 가슴을 부려놓고 있지만 이 여행 끝에는 희망이 있고 다시 일상으로 돌아가 각자의 자리에서 자신의 선택을 믿고 지지하며 가속도를 낼 것이다.

오늘을 살아야 내일이 오듯 지구에는 없을 것 같은 시간을 보냈다. 1년 365일 중 쾌청한 날이 얼마나 우리의 삶 속에 있었는지는 손꼽아봐야겠지만 덤으로 얻은 3박 4일을 우린 오롯이 우리만의 시간으로 만들었고 그 순간을 오래도록 기억할 것이다.

007 가방의 비밀

그 사람은 늘 가방을 들고 나타났다. 말쑥하게 차려입은 의복과 훤칠한 키에 자신감이 있어 보였고 말과 행동이 거침없었다. 씀씀이도 크고 상대방을 배려할 줄도 아는 한눈에 보기에도 괜찮은 남자였다.

1980년대 중반 회사 생활로 힘들고 지쳐 있던 때다. 상대적으로 그는 삶 자체가 여유로워 보였고 나와는 다른 모습으로 살아가는 사람이구나 싶으면서도 호탕하고 자유분방함이 좀 부담은 되었지만 마음이 끌렸다.

수차례 맞선을 보면서 거절하기도 하고 거절당하기도 하면서 남자를 골랐다. 지금 생각해보면 평생의 반려자를 찾는 것이 아니라 조건에 맞은 남자를 골랐던 것 같다.

우선은 키가 커야 하고, 농사꾼이 아닌 직업을 가진 직장인이어야 하고, 장남도 아닌 적당한 학벌의 소유자를 찾아 여러 번의 만남을 가졌었고 마침내 이 남자를 만났다. 조율사라고 했다. 부끄러운 일이지만 그때는 조율사라는 직업이 있는 줄도 몰랐고 무슨 일을 하는지는 더더욱 몰랐다.

피아노 조율을 한다고 해서 막연히 피아노 가르치는 사람인 줄 알았다. 또 소개한 분이 피아노 선생님이라고 말했기 때문에 당연히 그런 줄 알았다. 당시 나는 전자회사에 다녔고 많은 작업량으로 밤늦게까지 일해야 했으며 휴일도 한 달에 두 번은 일해야 할 만큼 힘든 나날이었다. 회사에 회의를 느낄 때라 자유분방한 그의 삶에 호감을 가졌다.

더구나 농가에서 자란 나는 농사를 짓는 일에 부정적인 생각을 하고 있었기 때문에 절대로 농사꾼에게는 시집가고 싶지 않았다. 내 어머니의 삶을 보았을 때 항상 들에 나가서 일하고 어머니로서의 역할이 아닌 아버지의 도우미로서 들일과 집안일, 육아 그리고 가축을 키우는 일까지 도맡아 하는 어머니의 삶이 그리 좋아 보이지 않았다. 나는 도회지 생활을 꿈꿔 왔고 배우자는 농사일을 하는 사람이 아니어야 했다. 또 작은 키에 스트레스를 받았기에 2세를 위해서라도 남편 될 사람의 키는 커야 한다는 조건을 내 스스로에게 걸었다.

어머니가 당신의 목소리를 내기보다는 아버지 뜻을 따르고 존중했기 때문에 여자는 그렇게 살아야 하는 줄 알았다. 어머니는 삼종지도의 길에 어긋남이 없는 삶을 사신 분이다. 그런 어머니를 보면서 결혼하면 남자의 뜻에 의해 살아지는 거라는 막연한 생각에 인성은 그리 큰 비중을 두지 않았었다.

그때 만난 사람, 외형적으로는 내가 찾던 바로 그 사람이다. 부모님이 농사를 짓지만 사람도 선해 보이고 경제적 능력도 있어 보였다. 공부는 하기 싫어서 그만두고 기술을 배웠다고 거침없이 말하는 자신감

또한 좋아 보였다.

피아노 조율사라 하면 아무튼 보통 사람은 아닌 듯 섬세해 보이고 흠잡을 데 없는 매너와 말쑥한 차림, 그리고 그가 내민 명함을 받아보니 피아노사 과장이라는 직함이 새겨져 있었다.

과장이라 하면 얼마나 높은 직책인가. 아직 20대인 사람이 벌써 과장이라면 대단한 발전이 아닌가. 내가 근무하던 회사에서 과장 직함을 가진 분은 귀밑머리가 허연 연배에 많은 부하 직원을 거느린 힘 있는 직책이 아니던가 하는 생각에 그가 더 멋져 보였다.

더구나 만날 때마다 들고 나오는 007 가방. 그 007 가방에는 서류가 들어 있고 해외에 출장 다니는 사람이나 들고 다니는 대단한 가방인 줄 알았다. TV에서 보면 출장 간다며 네모난 가방 속에 잘 다림질한 셔츠와 넥타이를 챙기고 돌아올 때는 그 가방에 선물을 가득 채워 와 가족을 즐겁게 해주는 그런 모습을 상상했다.

그래, 이 사람이면 내가 찾던 이상형이야, 한번 잘 사귀어 보자 마음먹었다. 어느 날 그가 잠깐 다녀온다며 가방을 좀 맡아 달라고 했다. 금방 오겠다는 사람이 한 시간이 넘어도 오지 않자 가방 속이 궁금했다. 열어볼까 말까, 몇 번을 망설이다가 조심스럽게 가방의 버튼을 누르는 순간 나의 환상은 와장창 깨어져 버렸다.

007 가방에 대한 환상이 처참히 무너지던 날이었다. 아! 이런 세상도 존재하는구나 하며 좌절감을 맛본 날이었다. 나는 큰 죄를 지은 죄인처럼 성급히 그 가방을 닫았고 혼돈과 혼란 속에서 앞이 깜깜했다.

이건 아닌데, 도대체 이게 뭐란 말인가. 이 사람의 정체는 뭘까.

다시 한 번 가방을 열어 꼼꼼히 살펴보았다. 드라이버, 리퍼, 롱로즈, 그리고 둘둘 말린 헝겊과 망치처럼 생겼지만 망치도 아닌 것이 생전 처음 보는 이상스런 물건들이 공사판 인부의 장비를 총집합시킨 것같이 지저분하게 널브러져 있었다. 가방을 닫고 곰곰 생각했다.

이쯤에서 만남을 끝내야 할 텐데 가방을 놔두고 혼자 가버릴까, 아니면 모른 척할까 한꺼번에 많은 생각이 몰려왔다. 이러지도 저러지도 못하고 넋 나간 사람처럼 앉아 있는데 아무 일 없는 듯 와서는 맛있는 것 사주겠다며 나가자는 사람을 멍하니 바라보는데 나도 모르게 눈물이 나왔다.

아무리 참으려 해도 흘러내리는 눈물을 주체할 수가 없었다. 눈물을 참으면 콧물이 흘렀다. 영문을 몰라 어리둥절하던 그 사람, 자초지종을 듣고는 찻집이 떠나가도록 너털웃음을 웃어댔다. 망치처럼 생긴 물건은 조율 기구인 튜닝해머이고 다른 것들은 다 조율할 때 필요한 도구들이라고 했다.

그날 이후 그는 두고두고 나를 놀렸다. 이렇게 하여 007 가방에 대한 환상은 무참히 조각나고 나중에 안 일이지만 조율사로 취직해서 조금 일하면 대리점에서 주는 직함이 과장이었단다.

내가 상상하고 꿈꿨던 것하고는 너무나 다른 상황이었다. 명함이 흔치 않던 시절 명함과 007 가방이 내 코를 꼈다. 아니 내 허세가 나를 잡아 가둔 것이다. 술과 친구를 좋아하는 남편 때문에 마음고생도 많았는데 30년이 지난 지금은 007 가방에 망치와 롱로즈가 아닌 사랑과 행복을 가득가득 담아 나르는 그 사람이 사랑스럽다.

그날

어둠을 헤치며 달려간 안면도 해수욕장. 여름의 끝은 한산했다. 파도를 끌어당긴 달빛이 밤의 정적을 밀어낼 뿐 몇몇의 인적만이 밤바다를 향유하고 있다.

전생이 어부가 아니었을까 할 만큼 바다를 좋아하는 남편과 이웃들과 함께 바다 사냥을 간 것이다. 닭장 망으로 만든 쌍끌이 그물이 바다에 펼쳐지고 한기가 도는 바닷물에 누구 하나 불평 없이 들어가서 그물을 당겼다. 그물을 당길 때마다 꽃게며 놀래기, 도다리 등 싱싱한 횟감들이 우리를 즐겁게 했다.

꽃게는 찌고 도다리는 회를 떠서 소주와 곁들이다 보면 세상 부러울 것이 없다. 간혹 쏟아지는 별똥별과 취기가 불러오는 한 소절의 노랫가락 그리고 파도 소리와 모래에 찍어내는 발자국들 모두가 밤바다의 정경들이다.

그렇게 밤을 보내고 다음날은 투망으로 멸치를 잡아 바닷물 속에서 배를 따고 초장에 꾹 찍어 먹는 맛은 상상을 초월하는 환상적인 맛이었다. 물이 빠져 어른 허리춤만큼 출렁일 때 모래 속에 손만 넣으면 잡히는 조개, 조금 더 힘이 들어간다 싶으면 잡혀 올라오는 골뱅이를 잡는 일이 어찌도 재미있던지 주체할 수 없을 만큼 골뱅이와 조개를 잡았다. 물속에서 조개가 날아다니는 모습과 입을 벌려 사람을 무는 것도 보았다. 앞자락에 담은 조개가 뱃살을 물고 잘 놓아주지 않는다는 덩치 큰 남자의 비명이 우리를 더욱 즐겁게 했다.

한나절쯤 신나게 놀다가 바닷물이 들어와서 물길을 따라 나오는데 배가 아프기 시작했다. 처음엔 속이 쓰린 듯하더니 점점 강도가 심해졌다. 진땀이 나고 토할 것 같기도 하고 뒤도 무직하니 화장실이 가고 싶기도 하고 말 그대로 산통을 겪을 때 같았다. 아이를 낳을 때보다 더한 아픔이 밀려왔다. 조금 지나면 괜찮겠지, 배가 고파서 그럴까 하고 과자를 두어 개 먹었다. 더 아팠다. 진땀이 났다.

'이대로는 안 되겠구나, 아이라도 씻겨놓아야지.' 하며 모래가 범벅된 아이를 씻기는데 그대로 질식해 죽을 것만 같았다. 차 안에 누워보았지만 감당이 되지 않았다.

바닷속에서 나와 맛있게 점심을 먹는 일행이 불편할까봐 뒤편의 소나무 숲으로 기어 올라갔다. 통증은 갈수록 심했고 말 그대로 하늘이 노랗게 보였다. 순간 머릿속에 스쳐가는 멸치회. 바닷속에서 초장에 찍어 먹던 그 맛있던 멸치. 입에 넣으면 살살 녹아 사라지던 환상의 멸치. 그래, 그 멸치의 반란이구나. 그렇다면 비브리오란 말인가.

내 생의 치명적인 복병이 한나절의 즐거움 끝에서 시작되려는가. 방송으로만 듣던, 가끔 인명을 앗아간다는 끔찍한 비브리오. 그게 아니

라면 이렇게 갑자기 아플 수가 있나. 많은 생각이 한순간 휘몰아쳤다. 머릿속이 텅 비는 것 같았다.

'이건 아니다. 정말이지 이건 아니다.' 겨우 멸치 몇 마리와 내 목숨을 바꿔야 한다니 정말 억울했다. 갑자기 서러워서 눈물이 났다. 먹은 것을 토해내기 위해 손가락을 목구멍 깊이 넣어보았지만, 소용이 없었다.

엉금엉금 기다시피 해서 화장실로 갔다. 현기증이 나더니 화장실이 빙빙 돌고 온몸에 기운이 쫙 빠지고 식은땀이 나면서 천 길 낭떠러지로 빨려들 듯 아득한 느낌이었다. 깊이를 알 수 없는 재래식 화장실이 나를 유혹하듯 자꾸 끌어당기는 듯했다. 순간, 고통 속에서 알 수 없는 편안한 마음이 들더니 눕고 싶어졌다. 그렇게 편안히 쉬고 싶었다.

아차, 이것이 죽음인가 보다. 이렇게 죽는 것인가 보다. 어디선가 엄마를 부르며 울부짖는 딸아이의 목소리가 환청처럼 들린다.

"아가, 아가 엄마 여기 있어 울지 마" 하고 외쳐보지만, 입 안에서 맴돌 뿐. 기억은 자꾸 멀어져 갔다. 이제 죽으려나 보다. 죽더라도 남편 옆에 가서 죽자. 죽어도 화장실에서 빠져 죽지는 말아야지 하면서 비척비척 기어 나왔다. 이제는 앞이 잘 보이지 않았다. 저만치에 남편과 아이들 모습이 희미했다. 그래 어떡하든 저기까지는 가보자 하면서 걸어보지만, 마음뿐 발이 움직이질 않았다. 허우적거리다 나는 결국 의식을 잃고 쓰러졌다.

얼마나 지났을까. 한참이 지나도 마누라가 보이지 않자 남편이 찾아 나섰단다. 모래더미 위에 쓰러져 있는 나를 발견했는데 얼굴은 백지장에 간신히 숨만 헐떡이고 있었단다. 남편은 축 처진 나를 업고 일행이 있는 곳으로 갔고, 일행들은 평소에 장난기 많은 남편과 나였기에 장난하는 줄 알았단다.

상태의 심각성을 알고 119에 신고하여 구급차가 올 때까지 주무르고 칼로 손을 째서 피를 내고 두드리고 하여서 겨우 의식을 회복되고 병원 응급실에서 치료를 받고 간신히 나올 수 있었다. 정신이 들었을 때는 죽지 않고 살아 있음에 얼마나 고마웠던지…… 하지만 이내 창피했다.

"그래 먹을 것이 없어서 바닷속에서 멸치를 잡아먹고 이 지경이 되어서 와요. 지금 때가 어느 때인데 아무거나 먹어요. 아줌마도 참 대단하시유. 요즘은 아줌마들이 더 극성맞다니까."

의사 선생의 말에 고개를 들 수가 없었다. 온몸이 모래투성이고 응급실 시트 위에 모래가 수북이 떨어져 있는데 얼마나 민망하고 망신스러웠던지…… 지금 생각해도 얼굴이 화끈거린다.

화장실이 급하다는 핑계를 대고 슬며시 빠져나와 화장실에서 샤워를 하는데 모래가 대야에 반은 되는 것 같았다. 아! 이 무슨 망신이란 말인가. 하기야 살아 있음에 이런 생각도 하지 이대로 죽었으면 염라대왕도 지저분하다고 거절하셨겠지 하는 생각에 쓴 미소를 지었다.

다행히도 비브리오에 감염된 것이 아니고 피로가 누적되고 물속에 오래 있어서 체온이 떨어진 상태에서 급체하여 그랬단다. 조금만 더 늦었으면 목숨을 내놓아야 했단다.

이렇게 모두를 긴장케 했고 함께 응급조치를 해준 K씨 왈,

"똘똘이 엄마, 내 무릎에서 죽는 줄 알고 얼마나 무섭고 아찔했는지 몰라. 살아서 다행이야. 만약에 죽었으면 저승은 안 가고 동무하자고 매일 밤 꿈에 나타날 거 아냐? 똘똘이 아빠도 참. 모래 속에 쓰러졌을 때 발로 툭툭 차서 안 움직이면 그냥 모래 속에 묻어두고 오지 뭐 하러 업고 왔어요. 혹시 알아요. 내가 더 나은 여자 중매해 줄지." 하며 넉살을 떤다.

살려준 것도 고맙지만 얼마나 등을 두드리고 꼬집고 하였는지 며칠 동안 온몸이 쑤시고 엄지손가락은 아예 쭉 찢어져 있어 그 당시의 긴박감을 대신했다. 그 후 한동안은 멸치하고의 인연을 끊었다. 정말이지 함께 놀러 간 이웃에게 너무 민망하고 고맙다. 나 죽은 후 남편의 중매까지 걱정해주는 K씨, 얼마나 눈물겨운 친절인가.

"엄마 죽지 마, 오래오래 살아야지 내가 커서 효도하지요. 엄마 죽는지 알고 얼마나 무섭고 겁났는지 몰라. 너무 무서웠어." 하면서 품안으로 파고드는 딸아이의 눈이 퉁퉁 부어 있었다.

[배 아프다며 사라진 40대 주부 실종사건. 경찰과 경찰견의 수색 결과 그 여인은 화장실에 빠져 사망. 시체 부검 결과 멸치회 먹고 비브리오에 감염되어 사망한 것으로 추정됨]이라고 뉴스와 신문에 보도되었으면 어떡할 뻔했느냐며 남편은 지금도 놀리지만 정말 아찔한 순간이었다. 십수 년이 지난 일이지만 지금도 이렇듯 생생한 걸 보면 아마 평생 잊지 못할 추억이 될 것이다.

제4부

진심을 다하면 통한다

미안해, 엄마

지난밤 된서리에 호박이며 콩잎 등 파랗던 들판이 누렇게 주저앉았다. 날씨가 갑자기 추워지자 어머니는 배추 얼면 김치 맛없다 하시며 배추를 사가지고 아파트로 오셨다.

새벽부터 일어나 배추를 절이고 김칫속을 준비하던 어머니는 얼굴이 따끔거린다며 화장품 통을 뒤적이더니 스킨을 찾으시길래 나는 별 생각 없이 그냥 거기 있는 샘플 바르시면 돼요 하고 건성으로 대답했다.

이내 뭔가를 얼굴에 바르시고 다시 그 위에 로션을 덧바르며 스킨 냄새가 좋지 않다고 하시기에 뭘 바르셨는데 하고 다가가 보니 어머니가 얼굴에 바른 건 스킨이 아니고 샘플로 받아다 놓은 질 세정제다. 황당하기도 하고 어이가 없어서 말문이 막혔다.

무슨 말을 해야 하는데 아무 말도 할 수가 없었다. 차마 그것이 질 세정제라고 말씀드릴 수가 없어서 나도 발라봤더니 역시 향기가 별로 안 좋았다. 나는 어머니 몰래 쓰레기통에 확 처박았다.

화가 나서 견딜 수가 없다. 한글을 모른 채 팔십 가까이 살면서 얼마나 힘들고 불편한 일이 많으셨을까 하는 연민이 밀려왔다. 자식을 몇씩 키우면서 어깨너머라도 한글을 익히시지 그걸 못하고 사신 어머니의 현실에 가슴이 아팠다. 그럴 줄 알았으면 샘플을 화장실에 놔둘 걸 하는 후회도 했지만 이미 소용없는 일이었다.

김장하는 내내 마음이 잡히질 않는다. 새삼스러운 일도 아니지만 그냥 어머니가 글을 몰라서 불편하겠다고 막연히 생각했을 때와는 다른 기분이었다.

울고 싶었다. 소리라도 지르고 싶었다. 그렇다고 어머니께 세수를 다시 하라고 말씀드릴 용기도 나지 않았다. 어머니가 느낄 그 수치심보다는 그냥 하루쯤 피부가 불편한 것이 더 낫겠다는 생각을 하면서도 가까이 살면서 어머니께 글을 일깨워드리지 못한 나 자신에게도 화가 났다.

이런 생각을 하면서도 모르는 체하는 내 이기심은 또 뭐란 말인가. 어머니의 자존심을 빙자한 이 안일함은 과연 옳은가. 나는 안절부절못했고 아무 영문도 모르는 어머니는 김장을 맛있게 담그셨다.

김장을 마치고 목욕탕에서 어머니의 등을 밀어 드리는데 자꾸 눈물이 났다. 피부에도 검버섯이 군데군데 생겼고 하얀 속살에 축 늘어진 젖무덤이 오늘따라 아프게 다가왔다. "엄마 피부는 참 짱이다. 나는 아버지 닮아서 까무잡잡한데 엄마 피부는 어쩜 이렇게 고와요" 하며 너스레를 떨면서도 속울음을 삼킬 수밖에 없었다. 미안해 엄마, 미안해 엄마, 그 말만 속으로 곱씹을 뿐, 어떤 말도 할 수가 없었다.

아버지 일찍 돌아가시고 팔남매 교육시키고 출가시키는 과정 중에 부딪혔을 세상이 얼마나 답답하셨을까. 여자라는 이름을 벗어던지고 어머니라는 이름으로만 산 세월 동안 얼마나 많은 절망과 한계를 느꼈을까 하는 생각이 비누 거품처럼 부풀어 올랐다.

골 깊이 잡힌 주름이며 거칠게 굳은 손마디. 마치 조금 남은 몽당연필처럼 어머니는 그렇게 늙어 가셨고 우리들은 엄마니까 이해하시겠지, 엄마니까 용서하시겠지, 엄마니까 속상해도 어쩔 수 없지…… 이렇게 늘 어머니의 자리를 앞세워 적당히 이기적이고 적당히 계산적으로 우리 것을 먼저 챙기며 살았다.

어머니의 자리가 늘 베풀기만 하는 자리가 아님을 알면서도, 가끔 내가 느끼는 내 자식에 대한 배신감이나 서운함에 가슴앓이를 하면서도 나의 어머니도 그럴 거라는 생각은 왜 모르는 척하고 살았을까. 이런저런 생각이 걷잡을 수 없이 나를 혼란스럽게 했다.

자존감

어머니가 정기적금이 만기가 되었다며 은행에서 만나자고 전화를 하셨다. 무척이나 더운 날이었다. 깔끔한 모시 정장 차림에 곱게 화장을 하셨다. 오랜만에 멋을 한껏 내고 나오셨다.

어머니가 평생 모으신 돈을 정기적금으로 돌려 넣는 기분이 새로우셨나 보다. 아니다, 은행원에게 당신의 모습을 과시하고 싶으셨는지도 모른다. 늘 거래하는 은행이라 한번쯤은 창구 직원에게 새로운 모습을 보이고 싶으셨는지도 모른다. 자식들 잘 키워 출가시켰고 아들도 하나는 박사, 하나는 연구원으로 당당히 키워냈다는 자신감을 세상에 내보이고 싶으셨을지도 모른다.

은행 창구에 통장과 도장을 내놓으시곤 이런저런 주문을 하셨다. 문제는 여기서부터였다. 기존에 있던 통장을 다른 상품으로 전환하기 위해서는 어머니가 서류를 작성하셔야 한단다. 나는 얼른 나서서 쓰겠다고 했지만 은행원은 본인이 써야 한다며 거절했다.

어머니가 눈이 어두워서 못 쓰신다고 하자 은행원은 돋보기를 권하며 굳이 쓰시기를 요구한다. 딸인데 어떠냐고 당신이 쓰는 거나 딸이 쓰는 거나 똑같지 뭘 그러냐며 작은 실랑이를 벌이지만 규정상 그럴 수 없다는 말만 계속하며 정 그러시면 성함이라도 손수 써달라고 요구한다.

나는 커다란 종이에 어머니 이름을 쓰고 그대로 쓰라고 했다. 그건 글씨를 쓰는 것이 아니고 그림을 그리는 것이었다. 삐뚤빼뚤 가까스로 두 칸을 차지하면서 이름 석 자를 써서 창구에 내민다.

한껏 멋을 내고 온 어머니. 망가질 대로 망가졌을 어머니의 자존심. 거액은 아니지만 평생 모으신 돈 앞에서 처절해졌을 어머니를 차마 똑바로 볼 수가 없었다. 이름 석 자를 쓰면서 진땀을 흘리는 모습에 가슴이 저려왔다. 아니 좀 더 솔직히 말하면 그런 어머니가 나도 부끄러웠는지 모른다. 아무렇지도 않게 웃고 떠들었지만 어머니 곁에 있는 나 스스로가 더 창피함을 느꼈는지도 모른다.

어머니는 누구보다도 자존심이 강한 분이다.

오십 줄에 혼자되어 힘들게 자식을 키우면서도 단 한 번도 아쉬운 소리로 주변 사람 부담 가는 말씀을 하신 적이 없다. 밥 없으면 죽 먹고, 없으면 안 입고 안 쓰면 된다며 정말 보란 듯이 자식을 키우셨다. 혹여 아비 없는 자식이라 손가락질 받을까 봐 더 단호하고 엄하게 챙기고 또 챙기며 자신과 자식을 지키신 분이다. 수많은 어려움에도 자식들 앞에서 눈물 한번 내보인 적 없는 어머니다.

은행을 나서면서 무슨 말이든 해야 할 것 같아서 은행원을 험담했다. "아무나 쓰면 되지 그까짓 것 뭘 그리 까다롭게 굴어. 자꾸 그렇게 성가시게 하면 거래은행을 바꾸세요."라며 마음에도 없는 소리를 지껄이며 위로 아닌 위로를 드렸다. "놔둬라 그 사람들이야 원칙대로 하는 거지 그 사람들이 무슨 잘못이 있어. 못 배운 것이 원통하고 한이지." 하며 끝말을 흐리는 어머니의 목소리가 뒤따르던 나의 걸음을 세웠다.

열일곱에 시집와서 6·25 전쟁에 첫 아들을 잃고 내리 딸만 다섯을 낳아 시어른께 온갖 시집살이를 다하고 결국엔 남편에게 아들 낳을 씨받이를 들이밀었다는 어머니. 다행히도 씨받이보다 먼저 어머니가 아들을 낳아 집안에 큰 문제가 발생하지 않고 수습되었지만 같은 여자로서 생각해보면 얼마나 숨 막히고 아찔한 일인가. 당신 손으로 여자를 골라 그 여자에게 살림을 차려주다니. 무슨 드라마의 사극 이야기도 아니고.

그렇게 산신까지 받들며 아들을 낳고 그 아들 바람 불면 날아갈까 자나 깨나 노심초사. 러시아에 유학 보내놓고 수많은 날을 가슴 졸이던 때가 주마등처럼 스쳐간다. 아들한테 연락 오면 못 받을까 시간만 나면 전화기 옆에서 기도하던 분. 아들과 딸 차별이 너무 심해서 가슴앓이도 많이 하고 아들이 아닌 딸로 태어나 겪는 불이익에 억울함과 분노도 많았다. 어머니의 아들을 향한 마음은 예나 지금이나 크게 달라지지는 않았지만 지금에 와서 그것이 무슨 대수인가.

그 아들을 남편처럼 자식처럼 의지하며 행복과 보람을 찾는 모습이면 족하고 그 아들 또한 어머니의 뜻에 따르려 노력하고 효도하며 애쓰는 것이 고맙고 대견하다.

슈퍼우먼의 비애

어머니와 결혼하고 아버지는 곧바로 군 입대를 하였다. 그 사이 어머니는 첫 딸을 낳았고 혼자 몸에 어쩔 수가 없어서 갓난아기를 광주리에 담아 그늘 밑에 놓고 밭을 매다가 젖을 물리곤 하면서 농사를 지었다. 아기가 울어서 가보면 개미가 아기를 물어 온몸이 벌겋게 부어올라 얼마나 속상한지 아기와 함께 울기도 많이 울었다.

그렇게 어머니는 아버지 군 생활 삼 년 동안 밭농사 지어 모은 잡곡으로 땅 몇 뙈기 사서 삶의 기반을 마련하셨다. 새벽같이 일어나 밥하고 도시락 싸놓고 쇠죽 끓어 외양간 챙기시곤 논으로 밭으로 종횡무진이었다. 여름내 푸성귀를 시내 상점에 대 주기도 하고 겨울엔 덩치보다 더 큰 땔감용 나뭇단을 이고 대문을 들어서던 당신, 틈틈이 가마니 짜고 밤엔 털옷을 짜서 자식들 입히며 잠시도 쉴 틈이 없이 일하시던 분이셨다.

겨울이면 윗방 퉁구리에 고구마가 가득했고 뒤란 항아리에는 고욤이 시큼하게 익어가곤 했다. 눈이 허옇게 쌓인 날 무쇠솥 그득하게 쪄낸 고구마에 김장김치 쭉쭉 찢어서 먹던 속이 노란 고구마의 그 맛이며 쇠죽 쑤고 난 아궁이에 잔불을 이용해서 구워내는 군고구마의 맛 또한 일품이었다.

비가 오면 우산 대신 내어주던 우비를 입는 것이 창피해서 빗물에 콧물에 뒤범벅이 되어 가던 등굣길과 기성회비가 밀려 숱하게 쫓겨 오던 유년 시절, 그런 와중에도 우리 집의 재산은 불어나고 대농은 아니어도 동네에서 유지 소리 들으며 살 만큼 살림을 일궈놓으셨다.

할머니 시집살이는 대단했다. 손자를 전쟁에 잃은 것도 며느리 탓이고, 가난한 것도 심지어 집안에 우환이 드는 것도 모두 며느리 탓인 분이셨다. 어머니가 시집와서 유산으로 물려받은 것이라곤 다듬잇돌이 전부라고 하셨는데 툭하면 살림 헤퍼서 집안 다 거덜 낸다고 야단이셨다. 농사일 하면서 중풍으로 누워계신 할머니 간호를 6년 동안 하셨다.

낮에는 종일 주무시고 밤엔 눕혀라 일으켜라 배고프다 오줌 마렵다 하며 밤새 어머니가 편히 주무시도록 놔두질 않았다. 꽁꽁 언 얼음을 깨고 할머니 이부자리를 매일같이 빠는 어머니가 너무 불쌍해서 나는 할머니 엉덩이를 몰래 꼬집었다가 아버지가 아시는 바람에 쫓겨날 뻔하기도 했다.

모진 시집살이 끝나 조금 평온해지나 싶자 아버지의 투병 생활로 이어졌고 아버지 또한 편한 분은 아니셨다. 할머니만큼은 아니었어도 많이 까탈스럽고 냉정한 분이셨다. 어머니가 외출하는 것도 싫어하셨고 시장엘 가도 금방 돌아오라 성화를 하셨다. 매일 한약 달이고 아버지 팔다리 주무르고 암에 좋은 음식 골라 지극정성이셨다.

아픈 아버지보다 간호하는 어머니가 더 가여웠다. 가끔 동생과 언덕에 올라 고민했다. 저러다 어머니 먼저 지쳐 돌아가시기 전에 어머니 도망 보내자고 궁리를 하곤 했으니 말이다.

그렇게 7년 투병 끝에 돌아가신 아버지 영정 앞에서 통곡하는 어머니의 모습을 보며 사랑을 배웠다. 부부니까 그냥 사는 걸로 알았다. 그렇게 애틋한 마음이 있을 거라는 생각을 왜 못했을까. 1년 탈상 할 때까지 조석으로 따뜻한 밥 지어 아버지께 먼저 올리고 가끔은 아버지 좋아하시던 담배며 막걸리도 올리면서 아버지 보내는 연습을 하셨는지도 모른다. 요즘도 아버지 살아생전의 모습이 담긴 비디오테이프를 보면서 지난날을 회상하시곤 한다.

많은 시간 혼자 보내는 것이 안쓰러워서 노인복지관에 소개해 드리고 싶어도 한글을 모르다 보니 선뜻 가시라고 할 수가 없다. 복지관에 좋은 프로그램과 노후 생활을 즐겁게 할 수 있는 시설이 가까이 있음에도 활용할 수 없는 것이 안타깝다.

이 없으면 잇몸으로 산다고 나름으로 살아가는 지혜를 터득하고 습관에 의해서건 눈에 익혀서건 대중교통이며 시설을 이용하기는 하시지만, 말로 표현 못하는 불편함이 얼마나 크겠는가. 그럼에도 팔남매를 거뜬히 키워내신 걸 보면 어머니가 슈퍼우먼이시긴 하다. 아직도 새벽 운동을 나가고 나물 캐다 밑반찬 만들어 자식들 나눠주고 손자 뒷바라지까지 하시는 걸 보면 아직은 건강하신 것 같아 얼마나 고마운지 모른다.

한글 자막이 있는 외국영화를 보다가도 어머니가 오시면 채널을 돌린다. 나름 어머니에 대한 배려이기도 하고 어머니가 느낄 상실감을 생각해서이기도 하다. 아니다. 어머니를 생각해야 하고 살펴야 하는 것에 대한 회피이고 이기심인지도 모른다. 그걸 알면서도 선뜻 어머니께 글 배우기를 권하지 못하는 답답함은 또 무엇인가.

당연히 깨우쳐야 할 우리글, 그 글이 생활 곳곳에서 어머니의 걸림돌이 되고 있다. 각 기관에서는 외국인과 글을 깨치지 못한 사람을 위해서 한글교실을 열기도 하지만 고령의 노인에게는 그것도 쉬운 일이 아닌가 보다.

휴대폰에 저장된 단축번호를 누르며 안부를 묻는 어머니의 등 뒤로 울컥 속울음이 터진다.

은행나무

뿔 달린 구름은 사납기 마련인지 아픈 곳을 때리기 일쑤다. 가을 태풍이 강타한 날 우리 집은 물에 잠겼다. 마당에 수리하려고 사다 놓은 중고 피아노 다섯 대가 물에 잠겼고 월동용으로 쌓아놓은 연탄을 넘어뜨렸으며 냉장고며 세탁기 등 부엌살림을 거쳐 방문턱을 넘실대더니 급기야 방까지 물이 찼다.

재래식 화장실이 넘쳐 부유물과 벌레가 둥둥 떠다니는 마당을 자전거 타고 몇 번씩 드나들던 남편은 물 잠긴 도로의 은행나무에서 아직은 시퍼런 은행을 잔뜩 따 왔다. 날이 개어 물이 빠지고 나면 아예 은행을 털 작정이라고 했다.

태풍은 큰 손실을 남긴 채 지나갔고 태풍을 견딘 은행나무엔 주렁주렁 열린 은행이 누렇게 익어갔다. 은행을 털 기회만 노리던 남편은 동이 틀 무렵 길가에 커다란 포장을 깔고 작대기로 두들기고 그것도 모자라 나무에 올라가 남아 있는 은행을 모두 따 내렸다. 이 은행을 봄에 심어 묘목으로 팔 계획을 하고 있었다.

삼월 중순, 말려두었던 은행을 적당히 물에 불려 심을 준비를 하고 시댁으로 갔다. 아버님은 산중턱에 있는 비탈진 밭에 심으라 하셨고 남편은 그 밭은 건조하고 손질하려면 시간이 많이 걸려서 오늘 중으로 심을 수가 없으니 집 앞에 있는 텃밭에 심겠다고 고집을 부렸다.

아버님과 남편 사이의 실랑이가 계속되고 보다 못한 나는 남편에게 화를 냈다. 언제 우리가 은행나무 키워서 먹고 살았느냐고, 그 은행 심지 말고 마당에 멍석 펴고 널어 말려서 가족들 나눠주고 말자고 했다. 마침 그날이 시어머님 생신날이라 가족과 친지들이 모여 있었다.

남편은 불같이 화를 냈고 기어이 텃밭에 은행을 심기 시작했다. 소도 비빌 언덕이 있어야 비비듯이 뭐라도 끄트러기가 있어야 살아볼 의욕이 있지 않겠느냐며 은행나무 잘 키워서 묘목으로 내다 팔아 전세방이라도 구해볼 심산이라 했지만 그 은행이 언제 자라서 살림밑천이 되겠냐며 가족들의 반응은 냉담했다.

아직은 살 속으로 스며드는 바람이 찬데 밭에 쪼그려 앉아 있는 뒷모습이 한없이 초라해 보였다. 가족들은 노래 부르며 흥겨운 시간을 보내고 집을 두 채 사놓고 집을 한 채 더 살까, 아니면 땅을 좀 사놓을까 궁리 끝에 맏형에게 도움을 청하더니 땅을 보겠다며 현지답사를 나서는 시동생을 보면서 부럽기도 하고 쥐구멍에라도 숨고 싶은 심정이었다.

결혼 생활의 힘겨움과 쌓여 있던 설움이 한꺼번에 밀려왔다. 짚가리 뒤에 숨어 눈이 퉁퉁 붓도록 울었다. 막내 동서가 커피를 들고 와 왜 우냐고 물었지만 딱히 뭐라 할 말이 없었다. 가난하다는 이유로 가족들 앞에서 당당할 수 없는 내 처지와 손아래 사람에게 보이지 말아야 할 추태를 보이며 끝없이 추락하는 내가 싫었다.

가진 것도 없으면서 통만 크고 친구와 술 좋아하는 남편은 시시각각 일을 저질렀고 그 일을 수습하느라 사는 것도 말이 아니고 내 의지와는 상관없이 스스로 죄인이 되어야 하고 고개를 숙여야 하는 심정을 입 밖에 꺼내고 싶지 않았다.

가난은 사람을 참 슬프고 초라하게 했다. 첫아이 백일 때 나는 조용히 미역국이나 끓여 먹자고 했지만, 남편은 박씨 가문에 첫 아들인데 부모님 계신 곳에 와서 백일을 하자고 했다. 그래야 부모님도 기뻐하실 거라며 그렇게 하고 싶어 했다.

하지만 어른들은 냉담했다. 그렇다고 양평으로 되짚어갈 수도 없어 간단히 음식을 준비해 친정 부모님 모시고 백일을 보냈다. 시부모님은 백일 상차림을 모른 체하는 것은 물론 아이 양말 한 켤레도 사주지 않았다. 그러려니 하면서도 조금 서운한 마음은 있었지만 참을 만했다.

며칠 후 큰댁 아이의 돌이 돌아왔다. 어머님은 그 아이의 주발과 한복 등 선물은 물론이고 손수 돌상을 차려 주셨다. 심장이 멎는 듯했다. 어떻게 표현할 수 없을 정도로 당황했고 아무렇지도 않아 하시는 모습에 당혹감을 느꼈다.

같은 손자, 손녀인데 그것도 며칠을 사이에 두고 돌과 백일을 하는

데 어떻게 이럴 수가 있단 말인가. 그래도 난 아무 말도 못했다. 아니 서운하다는 내색조차도 못하고 목구멍까지 뭉클뭉클 올라오는 서러움과 분노를 억눌러야 했다.

미워하면 며느리를 미워해야지, 당신 아들의 철없음을 꾸짖어야지 백일밖에 안 된 핏덩이가 뭘 안다고 이렇듯 차별대우를 받아야 하는지, 젖을 빨며 방긋방긋 웃는 아이에게 미안하고 또 미안했다.

그 아이의 유년 시절을 생각하면 가여워 목이 멘다. 영하 30도를 오르내리던 양평의 겨울, 방이 얼마나 춥던지 갓난아이가 추위에 떠는 것이 안타까워 주방 석유곤로를 방에 들여놓았다. 그 위에 스테인리스 그릇을 올려놓으면 그릇은 벌겋게 달궈져 불덩이 같고 냄새가 진동하여 견딜 수가 없었다.

그 흔한 난로 하나를 살 형편이 못되었다. 온 집안을 비닐로 씌우니 천장에서 물이 고여 떨어지고 물방울이 얼굴에 떨어질 때마다 놀라서 울곤 했다. 아이 머리맡에 우산을 펴 두어야 했고 밤이면 우주복을 입혀서 재웠다. 이불은 썩어 곰팡내가 진동하고 아이의 병치레는 끊이질 않았다.

방문을 열면 훅하고 풍겨 나오는 곰팡내로 기관지가 나쁠 때로 나빠졌고 티브이 브라운관까지 망가질 정도였으니 아이가 견뎌나겠는가. 연탄아궁이 곁에 앉아 기저귀를 말려야 했고 아이는 아파서 사경을 헤매는데 그 아이를 들춰 업고 밤이 늦도록 술집을 찾아다니곤 했다.

결국엔 하던 장사 실패하고 탄광촌에 가면 돈 많이 벌 수 있다고 하여 찾아든 태백의 생활은 한마디로 철창 없는 지옥 그 자체였다. 많은 아픔과 상처만 남긴 1년간의 태백 생활을 정리하고 평택에 직장을 구했다.

이삿짐은 싣고 왔지만 당장 갈 곳이 없었다. 첫돌 지난 아이를 업고 해는 저물어 깜깜한데 방은 못 구하고 궁리 끝에 시댁으로 가서 아범이 취직했으니 방 구할 동안만 머물게 해달라고 애원했지만, 어머님은 냉정히 거절하셨다.

결국, 쫓겨난 우리는 아이 돌 반지와 내 결혼반지를 팔아 시골 변두리에 보증금 십만 원에 월 삼만 원 하는 방을 얻었다. 마당에 내려놓았던 이삿짐을 다시 싣고 나오면서 차마 소리도 못 내고 꺼이꺼이 가슴 밑에서 솟구쳐 오르는 눈물을 흘렸다.

눈물은 감추려 하면 할수록 더 쏟아져 품에 안은 아이의 얼굴을 흥건히 적셨고 어디 아기 얼굴에 눈물 바람 하느냐는 어머님의 노여움은 하늘에 닿았다.

시부모님이나 시댁 식구들에게 받아온 멸시나 푸대접을 다시는 받지 않기 위해서 열심히 살았다. 인간 이하의 생활이었다. 연탄은 얼어 죽지 않을 만큼만 한겨울에도 두 장만 때고 살았다. 채소는 들녘에 버려진 것들을 주워 김치를 담그고 세제를 사오면 물 반, 세제 반 섞어서 사용하고 끼니를 굶주려가며 견뎠다.

비가 오거나 빨래를 하고 나면 아궁이에 물이 차서 연탄불이 꺼졌고 그나마 연탄가스 냄새가 나서 엄동설한에도 부엌문을 열고 살아야 했다. 아기가 늦잠을 자면 녀석이 숨을 잘 쉬고 있는지 먼저 확인을 했다. 밤을 새워가며 닥치는 대로 부업을 했고 궁상떠는 꼴 보기 싫다며 새벽녘에야 들어오는 남편 때문에 더 힘들었다.

개를 먹여서 실패하고, 포도나무 심어 다 얼어 죽이고. 아이 들춰 업고 토끼풀 베어 머리에 이고 날라 토끼 키워놓으니 어느 날 개가 다 물어 죽여 마당에 허옇게 널브러져 있었다.

참 모질게도 세상은 우릴 외면했다. 침수지대에 살다 보니 비가 많이 오면 집이 물에 잠겼다. 물에 잠겨 못쓰게 된 부업품인 야구장갑을 햇빛에 말리면서 뒤틀어지는 모습이 내 인생의 한 단면을 보여주고 있는 것 같아 참담했다.

쉽사리 조율되지 않는 소리들처럼 이리저리 튕겨지는 이런저런 삶이 한스러워 은행나무를 심어보겠다고 가로수 털어 은행 장만하고 그 은행을 텃밭에 심고 있는 모습이 기가 막혔다. 부모님 생신이고 가족들 다 모인 흥겨운 자리에 함께하지도 못하고 네 살 된 아들과 다섯 살 난 조카와 은행을 심고 있으니 그 사람 심정은 오죽했겠는가.

다섯 말이나 되는 은행을 밤이 늦도록 우리끼리 심었다. 한 달에 두 번 쉬는 직장이다 보니 오늘이 아니면 안 되기 때문에 어쩔 수가 없었다. 돌아오는 버스 안에서 오늘 심은 은행이 살림밑천이 될 거라며 다독이는 남편의 눈가에 눈물이 맺혀 있었다.

그해 여름 은행이 빼곡히 나왔고 제법 예쁘게 자랐는데 아버님이 풀이 무성하다며 제초제를 뿌려서 튼실한 묘목들은 다 말라죽고 풀 틈에 끼어 간신히 올라오던 나무들만 목숨을 부지한 채 누렇게 변해가고 있었다.

사천 수 이상 심은 것이 오백 수도 채 안 됐다. 남아 있는 묘목을 2년간 키워 넓은 밭에 옮겨 심어 그 나무들이 뿌리내려 잘 자라나 싶었는데 이웃에서 밭두렁을 태우던 불길이 옮겨 붙어 모두 타버리고 말았다.

나무 구실 못할 것 같아 남겨두었던 몇십 그루의 은행나무 또한 땅이 경매처분 되면서 소용이 없게 됐다. 집은 물에 잠기고 있는데 은행을 따던 남편, 적당히 썩어 구린내가 진동하던 은행을 비벼 손질하던 나. 어머님 생신날 아버님하고 큰 소리 내가며 눈물이 범벅된 채 심은 은행나무, 어디 한구석 기댈 곳이 없으니 묘목 팔아서 전세방이라도 장만해 살아보겠다며 버거워하던 모습들이 콧등을 시큰하게 했다.

한 알의 은행을 익히기 위해 나무는 한 해를 무던히 견딘다. 눈보라 몰아치는 겨울을 견뎌 봄이면 물길을 내고 가지가 한 뼘쯤 허공에 제 영역을 넓혀갈 때쯤이면 새순을 꺼낸다. 무더위가 절정에 이르고 나무는 제 몫의 열매를 키우고 익히며 또 다른 계절을 준비하는 것처럼 산다는 것 또한 뭐가 나무와 다를 바 있는가.

좌충우돌 철없는 나이에 한 사람을 만나 세상 속으로 들어왔다. 한

계단 한 계단 가파르지 않은 높이가 없었다. 숨이 턱까지 차오르고 심장은 멎을 듯 헐떡였다. 그러면서 세상과 타협하는 법도 배우고 살아남기 위해 안간힘을 썼다.

겉돌기만 하던 목석같던 남편도 마이너스 인생에서 벗어나고 통장이 조금씩 불어나자 희망을 말했다. 그 은행나무가 우리에게 전셋집을 구해주지는 못했지만 그날 이후 남편도 마음을 추슬러 열심히 살았다.

그때의 심정대로라면 남은 인생을 어떻게 사나, 나에게 무슨 희망이 있고 희망을 이야기한들 무엇 하나 공염불에 지나지 않을 걸 하는 심정이었는데 비 온 뒤 땅이 더 굳어지듯 마음속 은행나무도 튼실한 뿌리를 내리고 한여름 땡볕 아래서 무성한 잎을 키웠다. 집 장만하기까지 쉽지는 않았지만 누구의 도움 없이 내 집을 장만했을 땐 세상 부러울 것이 없는 희열과 기쁨을 느꼈다.

젊음을 밑천으로 닥치는 대로 일하고 건강이 허락하는 한 움직이는 것이 재테크였고 세상에서 이자를 받는 방법이었다. 아이들도 한 몫 거들어 건강하게 자라주었다. 그때 텃밭에 쪼그려 앉아 은행을 심던 아이가 서른이 되었다. 짧지 않은 세월이었다.

그동안 우리 이름으로 된 땅문서도 생기고 거기에 대추나무며 감나무 등 온갖 유실수를 심어놓고 행복해하는 모습이 귀밑머리 희끗희끗해진 세월을 말하게 한다. 지금은 고인이 되셨지만 쫓아내던 일이 내내 마음에 걸리셨는지 애비 정신 차리게 하기 위해서는 그럴 수밖에 없었다며 눈시울을 적시던 어머님이 눈에 선하다.

커피 한 잔 들고 매장 앞 은행나무를 올려다본다. 올망졸망 열매를 매달고 있는 은행나무에 조율되지 않은 초겨울 바람이 잔가지를 흔든다. 툭, 떨어지는 은행을 보면서 화석이 될 시간을 회상해본다.

오월 동화

오솔길로 접어든다. 미풍에 실려 오는 아카시향이 싱그럽고 풋풋하다. 하얀 꽃송이 사이사이로 오월의 농경이 들비치고 언덕을 지나쳐온 바람 향기를 뒤척여 동구 밖까지 밀어내곤 한다.

아카시, 고향 냄새 뭉클한 꽃이다. 사는 게 그리 넉넉하지 않던 시절, 그 꽃을 한 움큼 훑어서 입 안 가득 밀어 넣고는 볼이 터지도록 먹으며 허기를 채우던 생각이 난다.

벌이 들어 있는 꽃송이를 잘못 따먹으면 으지직하면서 벌이 씹힌다. 큰일 날 것처럼 호들갑 떨며 뱉어내던 그 맛, 알싸함이랄까? 달콤함이랄까? 잊히지 않는 맛이다. 활짝 핀 꽃을 보며 조금씩 잊히는 유년의 기억을 소환해본다.

검정고무신 뒤집어 벌을 낚아채 빈병 가득 잡던 일, 돌멩이를 앞자락 가득 주워 공기놀이하며 하나라도 더 따먹으려고 앙칼지게 싸우고 집에 올 때는 책가방에 책보다 돌이 더 많아 낑낑대며 마당 구석에 쏟아놓던 기억이 꽃보다 먼저 피어난다.

동생 둘러업고 들로 산으로 그리고 고무줄놀이 한다고 뛰다 보면 동생은 얼굴이 벌게져서 힘들다고 울곤 했다. 지금 생각해보면 말이 업은 거지 그냥 엉덩이에 매달고 다녔던 것 같다. 두 해 건너 하나씩 생기는 동생인데 고만고만 봐준다고 얼마나 알량했겠는가. 마지못해 포대기 두르고 선머슴처럼 돌아다녔다.

땅바닥에 내려놓으면 아가는 엉금엉금 기어 다니며 닥치는 대로 입안에 넣어 오물거리고, 얼굴은 흙으로 범벅되고 눈물에 콧물에 말 그대로 흙강아지가 되어 있곤 했다.

도랑으로 데려가 아기를 씻기려 들면 거머리가 아기의 살 냄새를 아는지 다리에, 혹은 궁둥이에 붙어 있다. 이러지도 저러지도 못하고 끙끙대다가 돌로 떼어낸다는 것이 거머리는 떼어내지도 못하고 아기의 몸에 상처만 내어 쫓겨난 적이 어디 한두 번이던가.

그때는 동생 보는 것이 가장 싫었다. 줄줄이 따라붙는 동생들, 몰래 숨어가다 보면 뒤에서 언니, 하고 부른다. 따라오지 말라고 협박하고 달래도 소용없어 놀러 나가는 것을 포기하든지 동생을 데리고 나가든지 선택해야 했다.

아카시 향기에 실려 오는 유년이 달콤하다. 형편도 어렵고 많은 형제 속에서 부족함도 있었지만 자연이 놀잇감이고 자연에 동화되어 꿈을 키우던 시절의 순수와 천진함이 요즘의 아이들과는 사뭇 달랐다.

부모님을 소중히 여기고 형제들 간의 우애도 두터웠고 서로를 배려할 줄 알았다. 세련된 옷차림은 아니어도 자연을 닮아 싱그러운 향기

가 풍겨났다. 언니에서 동생으로 또 그 아래로 옷을 내려 입고 누렇게 나온 코를 옷소매로 문질러서 반질반질해져도 티 없이 구김 없이 살았다.

들로 산으로 뛰어다니며 학습하고 누가 꼬집어 가르쳐주지 않아도 스스로 살아가는 법을 터득하며 자연과 한통속으로 성장했다. 한 시간 넘는 등하굣길을 오가며 숲을 뒤져 방아깨비를 잡아내고 쿵덕쿵덕 방아 찧는다고 들고 다니다 보면 손은 방아깨비가 뿜어내는 오물로 거무스름한 물이 배어 있었다. 길에서 뱀이라도 만나면 식은땀 흘리며 그 뱀이 숲으로 사라질 때까지 떨었던 기억도 생생하다.

장날이면 동생을 재워놓고 어머니는 오일장을 가시곤 했다. 잠에서 깬 동생은 얼마나 울음 끝이 질긴지 한번 울기 시작하면 그치질 않았다. 업어주고 달래주고 기저귀도 갈아주지만 소용없는 일이었다. 한번은 선잠을 깬 동생이 하도 울어서 우는 동생을 그냥 놔두고 옆집으로 마실을 갔다. 한동안 우는 소리가 심하게 들리더니 이내 우는 소리가 작아졌다. 노는 데 정신이 팔려 동생 생각을 잊어버렸다.

한참 후 집에 와보니 동생이 없었다. 아무리 찾아도 동생이 없었다. 동생을 찾아 미친 듯 돌아다녔다. 동생 걱정보다는 어머니한테 야단맞을 걱정이 더 컸다. 얼마나 귀하게 얻은 아들인데…… 동생을 찾지 못하면 나는 죽은 목숨이라는 생각을 하면서 엉엉 울면서 돌아다녔다.

얼마를 돌아다녔던가. 커브 집 아주머니가 동생을 업고 계셨다. 동생이 울면서 엉금엉금 기어 내려오기에 집에 아무도 없나 해서 돌봐주고 계셨던 것이다. 동생은 혼자 마루를 구르고 마당을 통과해 큰길까지 기어간 것이다. 눈물에 흙에 범벅이 돼서 사람 꼴이 아닌 아기를 씻겨서 어머니가 오실 때까지 봐 주셨다. 나는 무서워서 장독대에 숨어 나오지도 못했고 그날 이후 어머니는 동생을 업고 장에 가시곤 했다.

지금 생각해보면 얼마나 끔찍한 일인가. 길옆엔 저수지가 있고 다랑이논이라 논두렁은 높고 시골이라 차는 드물었지만 뱀이며 이것저것 동물들도 많은 때인데…… 지금 생각해도 정말 아찔하다.

논두렁처럼 휘어진 기억이 초여름 햇살로 번진다. 기억이란 꽃처럼 피지도 열매처럼 맺히지도 않는 사철 푸르른 침엽의 잎들 같다. 그 침엽의 날들로 허공을 기우기도 하고 몇 쌈의 바늘처럼 실타래에 꽂기도 한다. 한 땀 한 땀 수를 놓기도 하고 손가락을 찔러 상처를 내기도 하면서 세월 속에 가두는 것인가 보다.

아버지의 풀 짐 속에 들어 있던 풋참외와 산머루 몇 송이의 시큰달콤한 맛이 그립다. 늘 근엄하고 말씀이 적어서 어렵기만 하던 아버지, 장날이면 막걸리를 거나하게 드시고 알사탕 한 봉지 생선 두어 마리 사오곤 하셨다. 딸들은 사탕 두 개씩 나머지는 모두 아들 몫이어서 속상하기도 하고 부럽기도 했다.

이젠 내가 귀밑머리 희끗해진 세월이 되어 아버지를 생각하고 유년의 소중한 기억들을 한 편의 동화처럼 새기고 있다. 꽃이 되고 디딤돌이 되고 살아가는 힘이 되는 고향과 추억들, 낮에는 실컷 뛰어놀고 등잔 밑에서 숙제하다가 눈썹을 태우고 머리카락 타는 냄새에 졸음을 쫓던 일이 까무룩하게 되살아난다.

오솔길을 걷다 보면 이런저런 기억이 오래된 영사기의 필름처럼 버겁게 그리고 희미하게 돌아간다. 도토리 씨앗 하나 떨어져 나무가 되고 그 나무 바람과 태양과 비의 길을 견뎌내면서 다시 열매를 맺고 누군가의 그늘이 되고 목재가 되고 땔감이 되듯 유년의 기억이 인생이 되고 삶의 주춧돌이 됨을 새삼 느끼면서 길을 걷는다.

연탄

마음 스산한 날은 옥상에 올라 옹기종기 모여 앉은 지붕을 본다. 밟으면 금방이라도 부스러질 것 같은 슬레이트 지붕을 비닐이며 천막으로 깁고 폐타이어 또는 벽돌로 눌러놓았다. 연통을 빠져나온 연기가 기차의 먼 기적을 받아먹고 흩어지는 역 근처의 여인숙 골목이다.

이곳은 난방을 연탄으로 하는 곳이 많다. 저렴하고 따뜻하게 겨울을 날 수 있는 방법이 연탄이기 때문이다. 다닥다닥 붙은 지붕 위 굴뚝으로 쉴 새 없이 올라오는 연기를 한참 동안 바라보다 혼자 웃음을 짓는다. 지금은 대부분 도시가스며 등유 등으로 난방을 하지만 불과 삼십여 년 전만 해도 연탄을 많이 사용했다.

큰아이 다섯 살 무렵이었다. 새 운동화를 처음 빨아서 연탄아궁이 옆에 말리는데 이상한 냄새가 나서 보니 벌겋게 불이 붙은 연탄 위에 운동화를 올려놔서 운동화가 바짝 오그라들면서 불이 붙고 있었다. 얼른 운동화를 끄집어내고 왜 그랬느냐고 아이에게 물어보니 운동화를 신고 싶어서 빨리 말리려고 불 위에 얹어 놓았다고 했다.

벼르고 별러서 산 캐릭터 운동화였다. 사오자마자 신고 놀다가 논에 얼음이 깨지면서 젖어 빨아 널었는데 하루도 못 신고 이 모양이 되었으니 나도 화가 났지만 아이는 얼마나 속상했을까. 운동화를 보고 눈이 퉁퉁 붓도록 울던 아이는 연탄 나쁘다고 아궁이에 물을 가득 채워 며칠을 고생했던 기억이 새삼 떠오른다.

수시로 꺼뜨리던 연탄불이며 바짝 말려서 사용하려고 미리 사놓은 연탄이 늦가을 장마에 무너져 부엌이 온통 까맣게 되었던 일까지 주마등처럼 스쳐간다. 연탄은 사용하기도 쉽지 않지만 채탄작업은 정말 어렵다.

그 녀석 첫돌 무렵 잠깐 탄광촌에서 살았다. 남편의 사업이 어려워지자 태백에 가면 새로운 기반을 잡을 수 있다는 말에 갓 태어난 아이를 데리고 태백으로 이사했고 채탄을 운반하는 철로 옆에 방을 얻었다. 탄가루가 얼마나 심한지 기저귀를 빨아 널면 기저귀가 까맣게 말랐고 뒤뚱뒤뚱 걷던 아이가 한번 넘어지면 옷이며 손이며 모두가 새까맣게 됐다. 바람이 불면 검은 연기가 훅 날아들곤 했다. 씻겨 내놓으면 엉금엉금 바닥을 기어 금방 시커멓게 됐다.

듣던 대로 하천에는 검은 물이 흘렀고 주변에는 진폐증 환자가 많았다. 지하 막장에서 발생하는 사고에 수시로 구급차가 비상 신호를 울리며 달렸고 직업에 귀천이 없다지만 작업 인부들의 고생은 말이 아니었다. 일단 지하 막장에 들어가면 사고가 나는 경우를 제외하고 여덟 시간 동안 나오지 못했다.

남편이 광부 일을 하기 위해 태백에 간 것은 아니지만 1년을 버티다 다시 이사를 나왔다. 그곳 생활에 적응을 못했기 때문인지 하루하루가 철장 없는 감옥 같았다. 아침에 일어나 보면 부엌엔 연탄재로 시커멓고 물이 귀해서 수시로 물 전쟁이었다. 한 울타리에 많게는 열 집 정도가 세를 들어 살다 보니 급수 시간이 되면 조금이라도 물을 더 받기 위해 아우성이었고 늘 큰 소리가 오고 갔다.

배추를 씻어 놓으면 아기가 엉금엉금 기어가 배추를 만져 배추는 도로 까매지고 또다시 헹궈 놓으면 또 까매지고, 할 수 없어 아기를 등에 업고 일을 하니 등에서 바닥 한번 만지고 또 배추를 만지고 해서 몇 시간을 배추와 실랑이 하고 아기를 울리면서 김치 담그던 기억이 난다.

사업 실패로 어려워진 살림을 일으키겠다고 찾아든 곳이었지만 돈을 벌기는커녕 고생만 하고 돌아왔다. 1년이란 길지 않은 시간 동안 아이는 사경을 헤맸고 어디 한 군데 마음 기댈 곳이 없었던 시간들이었다.

이삿짐을 싣고 오는데 사람이고 짐이고 온통 시커먼 모습에 깜짝 놀랐다던 어머님의 말씀을 생각하면 지금도 눈시울이 붉어진다.

강산이 몇 번 바뀌는 동안 세상도 변했다. 나이 탓인지 지난 세월에 대한 향수 때문인지 가끔은 찾아가 그때의 흔적들을 짚어 본다. 지금은 채탄작업도 많이 줄어들고 탄광촌도 다른 대체 사업들로 변해가고 하천도 맑은 물이 흘러 예전의 모습은 기억으로만 남아 있다. 고생한 기억보다는 젊어 한때의 삶의 과정으로 간직하고 싶다.

사는 일이 고단하다고 느껴질 때 옥상에 올라 지붕 낮은 집들을 바라본다. 연탄 한 장 열기와 처마를 맞댄 집들의 온기를 생각한다. 살면서 까만 속을 하얗게 태워낸 순간들과 그 시간들 속에서 더러는 웃고 더러는 울면서 채우는 법과 비우는 법 그리고 살아내는 법을 배우곤 했다.

가족

오리가 떴다. 저물녘 어미 오리가 새끼 다섯을 앞세워 현장학습 중이다. 물살을 가르며 종종종 어미의 뒤를 따른다. 산책을 나서면 늘 한 쌍의 청둥오리가 노니는 것을 보았는데 수습되는 듯했던 AI가 다시 창궐했다는 뉴스가 있을 즈음 한 놈이 막 모내기를 끝낸 논에 처박혀 죽은 것을 관계기관에 신고한 적이 있다. 그 후 한 마리만 보이더니 그놈이 저들의 아비였나.

어미 따라 종종대는 모습이 가관이다. 앞서거니 따르거니 노는 모습이 얼마나 앙증맞고 귀여운지 한참을 바라보다 동영상으로 찍어 지인에게 보내기도 했다.

오리는 하루가 다르게 컸다. 며칠이 지나자 어미 꽁무니만 따라붙던 녀석들 제법 물질을 한다. 가끔은 무리에서 이탈하는 놈이 보이기도 했지만 이내 한 무리가 되곤 했다. 내 짐작이 맞는다면 짝 잃은 청둥오리의 슬픔이 새끼들을 보면서 위안이 되었을 것이다. 혼자서 알을 품고 새끼를 부화시키는 어려움이 있었겠지만 고통 뒤의 희열도 함께했을 것이다.

동물의 세계를 보면 각기 다른 방법으로 종족을 보존한다. 가시고기는 부성애로 유명한 물고기다. 암컷이 산란을 끝내면 수컷이 둥지를 지키며 알의 부화를 돕는다. 새끼를 적으로부터 지켜내기 위해 먹이사냥도 하지 않고 몸빛을 바꿔가며 둥지를 지키고 알이 부화되는 것을 돕다가 결국은 새끼들에게 자신의 몸을 내주고 죽는다. 반면 사마귀는 교미가 끝나면 암컷이 수컷을 먹어치운 후 알을 주머니에 담아서 주변 환경으로부터 보호하는 지혜와 잔인함을 보이기도 한다.

각기 자신들의 방법으로 종족을 지키며 생태계를 유지하는 것을 보면 신비롭고 아름답지만 동물의 세계나 인간 세상이나 살아남기 위한 과정은 처절하다. 만물의 영장이라 생각하는 인간 또한 생로병사의 과정에서 자유로울 수만은 없다.

가정을 꾸리고 자식을 낳아 가족이라는 둥지를 만들고 살아가면서 가족을 잃는 슬픔이 가장 크다. 만남의 기쁨과 이별의 슬픔이 공존하지만 특히 남편이나 자식을 잃는 것은 극도의 스트레스라고 한다.

남편을 잃고 오래지 않아 자식까지 앞세운 여인의 절규를 보았다. 손톱이 빠지도록 벽을 긁어대며 몸부림치다가 실신하기도 하고 정신이 돌아오면 다시 울다가 피를 토하기도 했다. 온몸으로 슬픔을 토해내는 것이 차마 눈 뜨고는 보지 못할 고통이었다. 자식 앞세우고 무슨 염치로 밥을 넘기고 잠을 잘 수 있느냐며 차라리 죽는 것이 사는 일보다 덜 고통스럽다고 했다. 죽고 싶지만 혼자 남겨질 자식을 생각하면 차마 그럴 수도 없는 자신이 원망스럽다고 했다. 그 어떤 말도 위로가 될 수 없고 고통을 나눌 수 없음을 절감했다. 사랑하는 사람을 잃는다는 건 그런 것이다.

그녀는 아픔을 가슴에 묻고 산다. 웃다가도 울고 먹다가도 운다. 기뻐도 울고 행복해도 운다. 미워할 수 있는 가족이 있음에 감사하고 아옹다옹 함께하는 가족이 곁에 있음에 더 이상 욕심내지 말라는 말을 하는 그녀가 슬프게 웃는다.

살면서 가장 많이 상처를 주는 사람이 주변의 가까운 사람들이다. 무심코 하는 말이 상대에게는 가시로 박히고, 그냥 해본 말이라며 던지는 말이 치명적일 수도 있다. 가장 예의를 차려야 할 상대가 가장 가까이 있는 사람임에도 친근함의 표현으로 혹은, 내 맘 알겠지 하는 믿음으로 쉽게 말한다.

서로 관계를 맺는 것은 그만큼의 책임과 의무도 따르는 것이다. 주고받음에 있어 예의가 필요하고 좋은 관계를 유지하기 위해선 서로 존중하는 마음이 필요하다. 특히 자식을 자신의 분신이라며 쉽게 대하는 이들을 보면 안타깝다.

가장 어려운 사람이 자식이다. 자식은 부모와의 약속을 저버려도 부모는 절대 그럴 수 없다. 자식은 부모가 아프면 병원 가라고 하면 그만이지만 부모는 자식과 함께 고통스러워하며 아파한다.

자식이 어떤 자리에, 어떤 상황에 있던 애면글면 해바라기하는 것이 부모이다. 그러는 부모를 자식들도 부담스러워하지만 누가 시켜서 하는 것이 아니고 부모가 되면 저절로 그렇게 된다.

가족으로 산다는 것은 많은 인내심과 양보가 필요하다. 사랑에도 대가와 책임이 따른다. 자신과 가족을 위해 건강을 잘 챙겨야 한다. 나로 인해 가족과 주변이 고통 받지 않도록 자기관리에 충실하는 것도 가족 사랑법이다.

동기간

집 밖을 나서면 푸른 것들의 천국이다. 막 움을 틔우는 새순부터 푸릇해진 나무까지 산천초목이 평화롭다.

푸릇해진 나무와 거리를 붉게 물들이는 영산홍이 어우러진 거리를 달려 동해로 접어든다. 긴 잠을 터는 고산지대와는 달리 낮은 곳은 꽃들의 천국이다. 왕벚나무가 소담스런 꽃을 꺼내놓은 옆으로 파도가 시샘하듯 몰아친다.

성급한 아이는 파도 속으로 뛰어들고 모래톱에 자신의 흔적을 남기는 연인의 모습이 예쁘다. 나도 저런 시절이 있었나 싶어 부럽기도 하다. 흘러간 시절이 빛바랜 영상처럼 파도에 물러섰다 되돌아온다.

설렘과 기대로 찾아가는 삼척, 삼척의 바다는 유난히 맑은 듯하다. 물 밑에 훤히 들여다보이는 바다와 동굴 그리고 국민관광지 무릉계곡이 빚어내는 풍광이 좋아 가끔 찾는 곳이다. 이번 여행은 시누이와 함께했다. 남편과 띠 동갑인 손위 시누이다. 시댁 식구와의 여행이라 좀 부담스럽기는 했지만 워낙 남편이 좋아하고 따르는 누님이다. 칠십 넘은 나이에 가급적 젊은 사람과 눈높이를 맞추기 위해 노력하고 가족의 화합을 위해 애쓰는 모습이 고맙다.

부모님 돌아가시니 형제들 모이는 일이 줄었다. 명절이나 제삿날 등 경조사를 제외하고는 뭉치기가 쉽지 않다. 각자 가정을 이뤄 자식들 키우다 보니 이런저런 일로 소원해지기 쉬운데 시누이가 멍석을 펴고 자리를 마련해준다. 동생들 챙기고 보살피는 것이 영락없는 맏이다.

이번 여행도 시누이가 기획해서 육남매가 함께 가기 위해 마련한 자리였는데 막상 여행 떠나는 날이 되니 예기치 않은 사정이 생겨 몇몇만 함께 갔다. 서로에게 맛난 음식을 권하고 건강을 염려하며 다독이는 모습이 훈훈하다. 시누이와 함께 며칠을 보내는 것이 불편하지 않을까 염려했던 것은 기우였다.

부모님 살아계실 때는 시누이들과 뜸했다. 있는 듯 없는 듯 잊고 살다가 만나면 반갑고 또 헤어지면 잊고 살았다. 서로 좋은 이야기만 했고 속내를 꺼내놓지 않고 살다 보니 다툼이나 불편은 없었지만 애정 또한 깊지는 않았다. 시누이는 그저 남편의 누이들이기만 했다. 한때는 그런 관계가 좋았다. 때리는 시어머니보다 말리는 시누이가 더 얄밉다 할 정도로 갈등을 겪는 주변 사람들을 보면서 우리 가족관계가 얼마나 다행스럽고 고마운 일인가 생각도 했었다.

그러다 부모님 돌아가시니 시누이들과 만나는 일이 더 뜸해졌다. 몇 년이 그렇게 지나고 시누이가 여행을 권했고 함께 어울리게 됐다. 물론 마냥 편하기만 한 것은 아니지만 조금씩 서로를 이해하고 가족이 되어갔다.

미처 알지 못했던 남편의 성장 과정이며 가정형편 그동안 몰랐던 가족사를 시누이를 통해서 알게 되었고 우울증에 시달리던 어머니를 조금은 이해하기도 했다. 시누이 또한 손아래 사람에게 가족사를 털어놓는 것이 쉽지는 않았을 것이다. 하지만 나는 정말 가족이 된 것 같아 기뻤다.

밀려든 파도가 모래사장에 흰 거품 부려놓고 이내 바다로 돌아가 다시 한통속이 되어 몰아쳐 오고 다시 흩어져 거품 쏟아놓고 돌아가기를 거듭하면서 모난 돌은 자갈이 되고 그 자갈이 모래가 된다. 파도에 쓸리고 쓸려 옥돌이 되고 그 옥돌끼리 달그락대며 고운 소리를 내며 한통속으로 뒹구는 것이 마치 동기간 같다.

한 뱃속에서 나왔지만 각기 다른 모습으로 살아간다. 생김새가 다르듯 삶을 추구하는 방향도 다르다. 어떤 이는 금전을 중시하고 또 누구는 가족 간의 우애를 손꼽으며 또 다른 형제는 자식 욕심을 낸다. 물론 살면서 다 필요한 욕심들이다. 돈도 필요하고 가족 간의 우애는 물론이요 자식 또한 남들보다 잘나길 소망한다. 그런 욕심이 세상을 살게 하는 힘이고 나를 지탱하는 윤활유일 수도 있지만 분명 정도 차이는 있다.

상대방에게 마음을 열라고 주문하기 전에 내가 먼저 마음을 열고 다가서면 진심이 통하게 된다. 서로 마음을 열다 보면 본의 아니게 오해했던 부분도 있고 그럴 수밖에 없었을 거라고 공감하는 면도 있다. 이렇게 조금씩 가까워지는 것이다. 같은 형제도 어떤 피해의식으로 닫힌

마음이 있고 그 마음이 자신은 물론 주변인까지 불편하게 하기도 한다. 대화하지 않으면 평생 모를 수도 있는 것이다.

가족이든 주변이든 나를 낮추고 다가서 보라. 상대방도 빗장을 열고 나를 맞이한다. 눈치 보지 말고 망설이지 말고 내가 먼저 다가가 말을 걸어보자. 그리고 사랑한다고 말해보자. 단번에 되지는 않겠지만 두드리면 문은 열린다. 진심을 다하면 통한다.

누가 뭐래도 피붙이가 제일이다. 다소 서운함과 아쉬움이 있어 불편하더라도 동기간임을 잃지 말자. 형제끼리의 자존심 내려놓고 보면 별거 아니다. 여행을 통해 우리는 조금 더 문을 열었다. 꽃처럼 환하게 웃었고 파도처럼 거침없이 달렸다. 맛난 음식 앞에서 서로 양보했고 앞서거니 뒤서거니 세월을 따랐다. 몇 달 뒤 또 다른 여행을 계획하는 마음이 벌써부터 즐겁다.

아기장수의 비밀

입맛은 없고 속은 허전해서 대용량의 아이스크림을 한 통 다 먹었다. 맛있게 먹었는데 치통이 왔다. 잇몸 통증인지 치아에서 오는 통증인지는 알 수 없지만 치아가 쏟아져 내릴 것처럼 아프다.

아이스크림을 좋아해서 즐겨 먹지만 이런 경험은 처음이라 당황스럽기도 하고 겁도 났다. 그대로 놔두면 치아가 빠질 것 같아 턱을 양손으로 받쳤다. 늦은 밤이라 치과 가기도 애매해서 진통제를 먹고 입을 꼭 다물고 고통을 견디다 보니 서서히 통증이 약해졌고 잠이 들었다.

아침에 일어나니 언제 그랬냐는 듯 멀쩡하다. 황당하기도 하고 뭔가 원인이 있었을 거라는 의구심을 갖고도 치과에 가보지는 않았다. 치아가 쏟아질 듯 고통스러울 때는 날이 밝으면 당장 치과로 달려가겠다고 마음먹었는데 통증이 사라지고 나니 가고 싶지 않았다.

오복 중의 하나가 치아 건강이라고 했다. 다른 병도 마찬가지겠지만 치아의 통증을 참거나 치료를 미루면 호미로 막을 수 있는 것을 가래로 막게 된다고 가능한 서둘러 치료를 해야 한다는 것을 알면서도 치과를 찾기가 싫지 않다.

치아를 갈아낼 때 타는 냄새며 기계 돌아가는 소리가 싫고 무엇보다 입을 벌리고 있는 것이 민망하여 미루게 된다. 큰아이 어릴 때 치아를 뽑다가 고생한 것을 생각하면 지금도 아찔하다. 치아를 뽑던 중 뿌리째 뽑히지 않고 중간에 부러지는 바람에 잇몸을 찢고 마취를 몇 번씩 하고 아이는 죽겠다고 울고 정말이지 진땀을 뺐다.

담당의가 아이의 손을 잡고 아이에게 치아를 당겨보라고 했다. 이때 치아가 부러진 것이다. 호기심 많은 아이를 위해 배려해준다는 것이 문제가 되었으니 난감해하는 의사와 겁에 질린 나와 우는 아이. 그날 어렵게 치아를 뽑았다.

큰아이는 치아가 약하다. 생후 일주일도 안 되어 앞니가 올라왔다. 잇몸이 희끗하여 만져보니 치아였다. 주변 어르신들이 아기장수가 태어났다며 아기장수는 어깨에서 날개가 나와 방 안을 날아다닐 수도 있고 기운이 천하장사여서 부모를 죽이고 하늘로 올라갈 수도 있으니 아기를 씻길 때마다 어깻죽지에 날개가 나오는지 잘 살피라는 말이 너무나 무서웠다.

아기를 씻길 때마다 어깨를 살폈고 젖을 물리면서 기저귀를 갈면서 시도 때도 없이 아이 어깨를 살폈다. 혹여 아기가 날아가면 어떡하나 가급적 문을 열지 않았다. 춥기도 했지만 우주복을 입혔다.

그러나 별 탈 없이 아기는 자랐고 아기 세 살 때 쭈쭈바를 먹다가 치아가 벌떡 누웠다. 깜짝 놀라 치아를 일으켜 세우고 치과로 가니 너무 약해서 부러졌고 영구치가 나오기까지는 많이 기다려야 한다고 했다. 그 후 치과 문턱이 닳도록 드나들었다.

넘어져서 앞니가 부러지고 충치 치료로, 치주염으로 고생을 많이 했다. 칫솔과 치약도 바꿔보고 양치질도 신경을 썼지만 입을 벌리면 어금니에 금이 덕지덕지 붙어 있었다.

나는 비교적 치아가 튼튼한 데 비해 남편은 부실하다. 결혼했을 때 이미 어금니 몇 개가 없었다. 그때부터 시작된 치료가 아직도 진행 중이다. 치아도 유전적인 영향이 있는지 모르겠지만 건강하지 못한 치아를 가진 아들에게 미안하고 안타깝다.

이를 앓아본 사람은 알겠지만 치통이야말로 견디기 힘든 고통이다. 인플란트나 치아 교정술 등 여러 방법으로 치아를 치료 관리하지만 무엇보다 치아가 상하지 않도록 사전에 예방하는 것이 중요하다.

생후 며칠 만에 나온 치아 때문에 아기장수라는 말에 놀라고 아기의 어깻죽지를 살피던 어리석음을 생각하면 지금도 헛웃음이 나온다. 무엇보다 치아 상태에 맞는 칫솔과 치약을 선택하고 부지런한 양치 습관을 갖는 것이 중요하며 치아가 신호를 보내면 서둘러 병원을 찾아가는 지혜도 필요하다.

치아도 타박상을 입는다고 한다. 타박상을 입으면 회복하는 데 며칠 필요하기 때문에 딱딱하거나 찬 음식을 피하고 가급적 아픈 쪽으로는 음식을 씹지 않는 것이 빠른 회복에 도움이 된다고 한다. 치아가 타박상을 입는다는 것도 처음 알았다. 오랜 기억까지 소환하며 아이스크림 값을 제대로 셈했다.

우울한 여행

풍요로운 계절이다. 집을 나서면 초목은 열매를 익히느라 분주하다. 누렇게 넘실대는 들판에 꼬투리를 만들고 알곡을 채우는 콩이며 들녘의 사연을 빼곡히 저장하는 해바라기까지 어느 곳을 둘러보아도 즐겁다.

이런 것이 여행의 즐거움이다. 낭창낭창 허리를 흔들며 바람을 불러들이는 갈대숲엔 제 몸을 반쯤 강물에 동동 띄운 오리가 물질이 싱거운지 낮게 날아올랐다간 이내 갈대숲으로 들어 분탕질을 한다.

순간순간을 카메라에 담으며 서해의 해넘이를 본다. 붉은 하늘을 끌고 바다로 잠입하는 하루의 마지막 태양을 전송하며 뭔가 모를 다짐을 한다. 짝꿍은 바다낚시를 하고 나는 파도에 기대어 별을 세다 바람 소리에 귀 기울이다 이내 등대 옆에 앉아 졸기도 한다.

자정이 넘도록 바다와 놀았다. 낚시가 잘 안 된다며 자리를 옮긴다고 했다. 안면도에서 대산 쪽으로 이동하던 중 자동차가 쿨럭쿨럭 한다. 가슴이 덜컹한 나와는 다르게 '어, 타이어 펑크인가.' 하며 짝꿍은 대수롭지 않게 갓길에 정차한다. 뒤쪽 타이어가 펑크 난 정도가 아닌

아에 터져버렸다고 했다. 타이어 교체 시기가 지난 것이다.

너무 늦은 시간이라 망설였지만 예비타이어도 있고 긴급출동서비스를 받을 수밖에 없는 상황이라 보험사의 도움을 받기로 했다. 다행히 오래 기다리지 않아 출동한 기사의 도움으로 타이어를 교체했고 상황을 종료했다.

낚시는 그만하고 집으로 가고 싶어 하는 나와는 다르게 짝꿍은 아쉬움이 남는지 기어이 낚시를 서너 시간 더 했고 먼동이 틀 무렵 귀가를 하던 중 차가 또 덜컹댄다. 뒤쪽 타이어 한쪽이 마저 터진 것이다. 난감했다. 예비타이어도 사용했고 보험사에 연락하기도 민망하고, 그렇다고 갓길에 마냥 있을 수도 없고 할 수 없이 또 긴급출동서비스에 전화를 했다. 직원이 몇 시간 전 신청한 서비스가 아직도 해결이 안 되었느냐는 물음에 정말 죄송한데 나머지 한쪽이 또 문제가 생겼다고 했다. 연락을 주겠다던 보험사는 30분이 지나도 연락이 없고 우리는 긴급출동을 기다리는 동안 여러 가지 궁리를 했다.

시간도 이르고 일요일이라 타이어 매장도 영업을 하지 않을 것이었다. 무엇보다 타이어를 교체하기 위해 주문해놓은 상태라 다른 매장에서 타이어를 교체하는 것도 어려웠다. 평택까지 견인서비스를 받으면 비용이 너무 많이 들 것이고, 말 그대로 진퇴양난이었다.

보험사를 재촉하여 긴급출동 기사가 왔다. 다행히도 공단 안쪽에 일찍 문을 여는 곳이 있으니 그리로 안내하겠다며 견인차에 자동차를 매달고 정비공장까지 와서 잠자는 주인을 깨웠으나 자동차에 맞는 타이어가 없었다. 난감한 상황이었다. 주인은 폐타이어가 수북이 쌓여 있는 곳을 뒤적이더니 며칠은 탈 수 있으니 원한다면 교체해 준다고 했다.

찬밥 더운밥 가릴 처지가 못 되니 남이 벗어던진 신발을 자동차에 신겼다. 긴급출동 일을 몇 년째 하면서도 이런 일은 처음이라는 말에 쥐구멍을 찾고 싶었다. 늦은 시간, 새벽 시간에 달려와 준 기사에게도 미안하고 고마웠지만 무엇보다 순간순간의 난처함과 민망함이 싫었다.

무사히 집까지 올 수 있었음에 안도하면서도 자꾸 화가 났다. 평소 자동차 점검을 하지 않는 것도 그렇고 낚시를 좋아하지도 않는 나를 밤새워 끌고 다니며 고생시키는 것도 짜증이 났다.

여행의 시작은 즐거웠으나 귀갓길은 험난했다. 다행히 큰 사고로 이어지지 않음에 가슴을 쓸어내렸다. 자동차 운전자의 필수조건인 타이어 점검을 게을리 했고 제때 교체하지 않아 생긴 불상사였다. 그 후 먼 길 나설 땐 반드시 타이어 점검 먼저 하게 되었다.

봄 마중

산에 오른다. 응달진 곳엔 잔설이 그대로 있고 아직은 몸으로 스미는 바람이 차지만 산과 들에서 봄 냄새가 난다. 이 가지 저 가지를 옮기며 산새가 흘리는 소리에도 봄이 묻어 있고 바위에도 봄물이 스미는지 무거웠던 색이 제법 산뜻하다.

얼음장 밑으로 흐르는 물소리가 유쾌하다. 저것들 하류로 가면서 산정의 봄을 어떻게 풀어놓을 것인지 상상해본다. 겨우내 나무속에 웅크리고 있던 잎과 꽃이 입덧을 시작한 이야기며 성급히 망울을 꺼낸 진달래가 오종종 떨고 있는 모습을 어떻게 아래로 전송할 수 있을까.

봄은 남에서 북으로 완행열차처럼 오지만 산중의 이야기는 위에서 아래로 향한다. 흐르다 돌부리에 걸리기도 하고 어디에선가 해찰을 떨기도 하지만 몰아치듯 달래듯 물 주름을 만들며 밀고 또 밀며 간다. 물이 흐르는 속도로 계절이 바뀌고 세월도 간다.

산에 오르는 일은 봄을 마중하는 것이며 달라진 태양의 빛을 받아내는 일이다. 햇살이 어느 나무를 먼저 깨울지는 알 수 없지만 겨우내 사나웠던 바람을 깁다가 솔방울 하나 툭, 떨어뜨리자 놀란 겨울이 몇 걸음은 더 달아났을 것 같은 솔숲에서 잠시 걸음을 멈추고 추억에 잠겨 보는 것도 즐겁다.

어릴 때 언니와 솔방울을 따러 다녔다. 나무에 올라가 언니가 솔방울을 떨어뜨리면 나는 포대에 담았다. 다섯 살 위의 언니는 나무를 잘 탔다. 긴 다리를 번쩍 들어 올려 순식간에 나무에 올라타고는 가지를 쿵쿵 구르면 누런 솔잎과 함께 솔방울이 우수수 쏟아졌다.

솔방울 사이사이에 낀 씨앗이 바람에 날리는 것이 신기해서 손바닥에 얹어 후 불면 바람개비처럼 빙빙 돌며 날아갔다. 오솔길이 태양을 서쪽으로 넘길 즈음 언니와 나는 솔방울이 가득 담긴 포대를 머리에 이고 산을 빠져나오곤 했다.

솔방울은 불쏘시개로 쓰거나 장날 내다팔아 용돈으로 쓰기도 했다. 누런 솔잎에 솔방울을 얹고 불을 붙이면 타닥타닥 내는 소리와 환한 불길이 좋았다. 겨우내 딴 솔방울이 광에 수북이 쌓였고 어린 마음에도 쌓인 솔방울을 보면 꽤나 뿌듯했다.

소나무처럼 푸르기도 하고 씨앗처럼 가뭇해진 유년의 기억을 깁는다. 아름드리 소나무의 각질처럼 울퉁불퉁한 추억을 소환하는 일은 즐겁다. 내가 살아낸 삶이 소나무 각질 같다는 생각에 마음도 훈훈해진다.

숲에 들어 숲이 하는 말을 들으려면 마음을 열어야 한다. 마음을 쫑

긋 세우고 바람의 수런거림을 귀담아 들어야 하고 나무가 나무의 간격을 어떻게 조절하는지, 발아래 낮은 것에게 무엇을 내주는지 살필 줄 알아야 한다. 마음의 시선이 두리번거릴 때 산에 올라보라. 자연의 너른 품에 마음을 내주고 큰 숨 한번 몰아쉬고 나면 가슴이 트인다.

절기의 끝이 겨울이라면 시작은 봄이다. 봄은 희망이고 희망은 마법이다. 동면에 들었던 것을 깨우고 움을 틔운다. 나무는 봄을 준비하기 위해 때가 되면 제 잎을 버리고 뿌리로 깊어진다.

겨울을 견디면서 제 안에 꽃과 잎을 만들어 때가 되면 잎을 꺼내고 꽃을 꺼낸다. 구름과 태양의 일정에 따라 요란하지도 분주하지도 않다. 공중에 푸른 강을 만들어 출렁이기도 하고 자연이란 커다란 도화지에 아름다운 꽃을 그려 넣기도 하면서 제 몫의 계절을 만들어 간다.

봄의 산정에서 마중을 한다. 마중하는 것은 나를 마중하는 일이기도 하고 추억을 마중하는 일이며 내가 살아내야 할 많은 날들 중의 하루를 마중하는 일이다.

턱까지 몰아치는 가쁜 숨으로 올라선 정상, 어떤 산이든 쉽사리 정상을 허락하지는 않지만 정상에서 느끼는 보람은 크다. 한눈에 들어오는 도시와 강과 그리고 대자연의 품에서 자신을 돌아보는 즐거움은 수고한 자만의 몫이다.

계절과 계절 사이의 간절기를 건너듯 나이를 먹어간다는 것은 때때로 살아가기 위한 고민과 다투어야 하고 오름과 내림을 반복하며 하루를 극복해내는 일이기도 하다. 좋아하는 것에 대한 열정 그리고 원하든 원치 않든 품어야 할 과정들과 적당한 조화를 이루는 일이다.

굽이치는 산이 쉽사리 정상을 내주지 않듯 목표를 향해 끊임없이 노력하는 자만이 정상에 설 수 있음을 우리는 안다. 봄을 마중하고 인생을 마중하는 일, 희망만을 말하기엔 벅찬 날들이지만 그래도 정상에서 느끼는 기쁨으로 삶을 마중해 보자.

꾹꾹이

분만실 안에서 아기 울음소리가 우렁차게 들렸다. 크고 다부진 울음소리였다. 아마도 우리 아기 울음소리라고 생각되자 반가웠고 건강하게 태어났구나 하는 안도감이 들었다. 아기 울음소리는 한동안 들렸다.

험한 세상에 길들여지기 위한 울음일 테고, 거칠지만 살 만한 가치가 있는 세상이니 열심히 살아보자는 다짐의 울음일지도 모르겠다는 생각을 혼자 해본다. 부모 몸을 빌려 세상에 나왔지만 크고 작은 많은 일을 만들고 겪어가면서 조금 더 완성된 자아를 만들어가기 위해 부단히 노력해야 할 것이다. 이런저런 생각에 붙잡혀 있는데 아들이 대기실로 나왔다.

아기 탯줄을 자르고 나왔다고 했다. 산모는 수술 뒤처리 중이고 아이는 건강한 것 같다고 했다. 아기가 엄마 뱃속에서 태변을 보았는데 양수에 섞여 조금 먹은 것 같다고 했다. 입 안에 남아 있는 분변은 제거했지만 차후에 미열이 나면 항생제를 쓸 수도 있다는 말에 가슴이 철렁했다.

탯줄을 자른다는 건 자식을 어머니에게서 떼어내어 세상 밖으로 밀어내는 일이다. 나는 아이들의 혼삿날 폐백을 받으면서 자식들에게 탯줄에 대한 이야기를 했다. 태어날 때는 부모가 탯줄을 잘라주지만 이제는 너희들 스스로 탯줄을 끊고 세상으로 나서는 것이라고 말해 주었었다.

2.91kg의 작은 아이에게 약물 먼저 투여하면 안 되는데 하는 아쉬움이 컸다. 아들은 흥분된 어조였고 나는 고생했다고 아들의 어깨를 도닥거리는데 코끝이 찡해지면서 눈물이 날 것 같았다. 쏟아질 것 같은 눈물을 감추면서 묘한 마음이 들었다.

무사히 출산한 것에 대한 감사와 식구가 늘었다는 기쁨일까 딱히 뭐라 말할 수는 없지만 잠깐 감정이 격해졌다. 모든 부모가 그랬겠지만 내 아들이 부모로서의 역할과 아버지로서의 자리를 잘 지켜내길 바라는 간절한 마음 때문이었을 것이다.

아들을 결혼시키면서 큰 어려움 없이 자식을 얻었으면 좋겠다는 바람이 컸다. 환경 때문인지 음식 때문인지 난임 되는 경우도 많고 임신을 하고도 유산이니 조기출산이니 해서 어려움을 겪는 부부들을 주변에서 보았기 때문에 별 탈 없이 아기를 얻은 고마움이 컸다.

산모가 무사히 마취에서 깨어나길 바라는 마음으로 서성이고 있는데 아기 외할머니와 이모가 도착했고 아들이 잠깐 얼굴을 보이고는 이내 산모 곁으로 갔다.

17.09.12 13:31

신생아실은 면회시간이었는데 아기가 태어나고 있으니 잠깐 기다려 달라는 메모를 붙여놓고는 블라인드를 내려놓고 있었다. 블라인드가 올라가고 당연히 우리 아기도 있을 줄 알고 좇아갔지만 우리 아기가 놓일 자리에 꾹꾹이라는 태명만 붙여 있고 아기는 없었다.

한참을 기다리고 두리번거리자 간호사와 인터폰을 했고 아기는 온도 관계도 있고 우선 엄마 품에 안겨준 후에 볼 수 있으니 기다려 달라고 했다. 산모의 건강상태를 묻자 분만실에 들어가 보지 않아서 잘 모르겠다는 대답이 불안스레 들렸다.

아기가 태변을 조금 먹은 것 같다고 했는데 혹여 아기 건강에 문제가 생긴 것은 아닌지 아기 손가락 발가락은 열 개가 맞는지 어떻게 생겼는지 궁금하고 또 궁금했다. 보고 싶은 마음이야 기다리면 되겠지만 혹여 무슨 문제가 생긴 건 아닌지 하는 방정맞음이 견디기 어려웠다.

일각이 여삼추라는 말이 떠올랐다. 아기를 사진으로 먼저 만났다. 아들이 산모가 안은 아기의 사진을 석 장 보내주었다. 신생아답지 않게 야무지고 단단해보였다. 머리카락도 까맣고 눈동자도 반짝이는 게 족히 삼칠일은 지난 것 같았다.

사진을 보고 있는 사이 블라인드가 다시 내려지는 순간 우리는 아기 보여줄 것을 요구했다. 아기도 보지 못한 채 면회시간이 끝나버린 것이었다. 성화에 못 이긴 간호사가 아기를 안고 유리문 안으로 보여줬다. 너무 작고 신비스러웠다. 둥그스름한 얼굴에 이목구비가 뚜렷했다. 평균치의 신생아보다 조금 작게 출산했지만 아기의 덩치와는 다르게 밤톨 같았다. 코 위로는 아빠를 닮은 듯하고 코 아래 입과 턱 부분은 엄마를 닮은 듯했다. 제 부모를 닮은 것은 당연한 일이고 건강한 아기를 주심에 감사했다.

손가락 발가락이 다 있는지 진짜 여아가 맞는지 내 손으로 직접 확인하고 싶었지만 허락되지 않았다. 신생아의 안전과 감염 문제 등 여러 가지 이유로 아기는 유리문 밖에서만 볼 수 있는 것이 병원의 규정이었다. 아기를 직접 만져보지 못해 아쉽기는 했지만 당연히 그렇게 하는 것이 맞는 것이다.

이 순간 세상 모든 것이 아름답고 신비로워 보았다. 아기를 보살피는 간호사들과 모유 수유를 하기 위해 신생아를 안고 나서는 산모들이며 조금은 들뜬 표정으로 서성이는 예비 아빠들의 표정까지 한 템포 업! 된 것 같다.

아기와 첫 대면을 하고 산모가 분만실에서 나왔고 산모 또한 건강해 보여 안심이 되었다. 사람 속에서 사람이 나왔으니 얼마나 힘들고 아팠을까. 자식을 얻는 일이 얼마나 고통스럽고 어려운 일인지 몸소 겪고 나온 며느리가 안쓰럽기도 하고 다행스럽기도 했다. 고통은 고통대로 겪고 수술한 것이 좀 억울하기는 하지만 그래도 별 탈 없이 자식을 주신 삼신할머니께 감사를 드렸다.

아이가 자라는 매 순간이 기쁨이고 축복이며 삶의 의미이기도 하겠지만 때론 고통스럽기도 할 것이다. 살다 보면 아기를 안고 눈물바람을 할 때도 있겠지만 자식은 커가는 순간순간이 부모에게 효도하는 것이라고 했다.

아이가 자라 한 국가의 미래가 되고 한 가정의 주역이 되고 또 부모가 될 것이다. 그 순간순간을 기억하고 기록하다 보면 파노라마 같은 장면들이 펼쳐질 것이다. 꾹꾹이의 탄생으로 조부모가 된 우리와 부모가 된 아들내외 모두 이 순간의 벅찬 감동과 생명의 신비를 오래 기억할 것이다. 나는 이렇게 할머니가 되었다.

이정표

길을 가다 보면 갈림길에서 망설이게 된다. 초행길에 나설 때면 특히나 그렇다. 순간의 선택이 목적지의 향방을 바꿔놓기 때문에 우리는 갈림길에서 고민하게 된다. 다행히도 이정표가 있으면 그 길을 따라가면 되지만 이정표도 없고 길의 방향도 비슷하다면 그 길을 가보고서야 옳고 그름을 알게 된다.

길을 나서기 전에 목적지에 대한 사전 지식을 얻거나 정보를 습득했으면 도움이 되겠지만 무작정 나선 길이라면 더욱 어려움을 겪게 된다. 한 번도 가보지 않은 길을 안내도 없이 혼자 찾아 나설 때의 어려움처럼 세상을 살아가는 일도 마찬가지다.

한 번도 살아보지 않은 삶의 길을 가는 것이기에 미래에 대한 기대와 희망 그리고 불안과 절망을 함께 느끼게 된다. 가끔은 시행착오도 하고 깊은 고뇌에 빠지며 살아가는 법을 배우고 살아내야 할 길에 대한 자신감을 얻기도 한다.

어릴 때 품었던 거대한 꿈이 세상과 직면하면서 현실적으로 바뀌고 작은 꿈마저 이루지 못한 채 살아가는 경우도 많다. 나를 돌아봐도 다르지 않다. 누군가 꿈이 뭐냐고 물으면 딱히 대답하기가 어렵다. 꿈이 무엇인지 어떤 꿈을 꾸고 살아야 그 꿈이 이루어질지 막연하다. 어떤 꿈을 꾸기보다는 그저 오늘 하루 평안하게 살면 감사하다. 가족들 별탈 없고 건강하여 움직일 수 있고 나쁜 소식 없이 잠자리에 들면 그것이 평온이고 그것이 행복이며 내일 하루도 잘 살아내길 바란다. 하지만 그것이 별거 아니지만 가장 어렵고 큰 꿈이다.

나는 이십 대에 결혼을 했고 아이를 낳았다. 철없이 시작한 결혼은 세상에 눈을 뜨게 했다. 그저 내 맘만 믿고 열심히 살면 된다는 믿음은 수시로 삐걱댔다. 친구와 술을 좋아하는 짝꿍 때문에 가슴앓이했고 속초로 양평으로 태백으로 거처를 옮기며 고생했다.

속초에서 넉 달 살고 양평으로 와서 아들을 얻었다. 그해 겨울 소주병이 터질 정도로 추운 곳에서 아이를 출산했고 아이는 추위에 감기를 달고 살았다. 우여곡절 끝에 시작한 피아노 사업을 일 년 만에 접고 태백으로 가면 돈 벌 수 있다는 말에 거처를 옮겼지만 태백에서의 생활도 만만치가 않았다. 탄광촌을 끼고 살았다. 기찻길 옆에 얻은 방은 굴속 같았다. 낮에도 불을 켜야 했고 기저귀를 빨아 널면 새까맣게 말랐다. 손닿는 곳마다 탄가루가 묻어났고 물가도 비쌌다. 태백에서의 생활은 철창 없는 지옥 같았다. 돈을 벌기는커녕 얼마간 있는 돈마저 다 까먹고 빈손으로 평택에 왔다.

그렇게 삼십 대가 되었지만 짝꿍의 방황은 계속되었다. 나는 은행나무도 심고 포도나무도 심었지만 모두 실패였다. 야구장갑 꿰매는 부업을 하면서 살림이 나아졌고 딸아이를 출산했다. 딸아이가 생기면서 밖으로 돌던 남편이 집으로 돌아왔고 정신을 차렸다. 살림이 나아지고 아홉 번 이사 끝에 내 집 장만을 했다. 단칸방 곁방살이만 하다가 삼십 평대 아파트는 대궐 같았고 세상이 달라보였다. 무엇보다 연탄가스에 중독될 염려가 없다는 것이 가장 큰 안도감이었다.

아이들이 크면서 다시 피아노 가게를 열었고 함께 일하면서 땅도 장만하고 대출을 끼고 작은 건물도 마련해서 내 상가에서 영업을 할 수 있게 되었다. 간절하면 이루어진다는 말을 나는 믿는다. 아이들도 건강하게 자라주고 남편도 열심히 일했다. 계를 들어 목돈을 마련했고 작은 문서들이 들어왔다. 이런저런 대소사가 있었지만 비교적 편안했다. 무엇보다 즐거웠던 건 그토록 열망했던 시 공부를 시작했다는 것이다. 글쓰기를 좋아했고 여러 단체에서 주최하는 행사에 참여하여 수상을 하다 보니 시 공부할 기회가 생겼다. 열심히 시를 썼고 꿈에 그리던 신춘문예에 당선되어 나는 시인이 되었고 시집도 냈다.

그러다 보니 어느새 갱년기가 왔고 몸이 비명을 질러댔지만 적당히 무시하고 살았다. 큰아이가 결혼했고 작은 아이가 사회생활을 시작했다. 손자가 생겼고 할머니가 되었다. 몸이 보내는 신호를 무시한 덕분에 이런저런 대가를 치르며 바쁘게 살았다.

장사하고 농사짓고 글 쓰고 일주일에 한 번이지만 문학을 가르치는 일까지, 그리고 생활 에세이를 십여 년 넘게 월 2회씩 신문에 연재했다. 신문사에서 정한 마감 날짜에 한 번도 미루지 않고 썼다. 공인중개사 시험을 치를 때도 썼고 병원에 입원해서도 썼다. 충실하게 지면을 채웠다.

그렇게 나는 오십이 넘어 시집 두 권을 더 냈고 대학도 졸업했다. 공인중개사 자격증도 땄다. 그러고 보면 나는 참 열심히 살았다. 딸로 아내로 엄마로 그리고 나 자신으로 어디 하나 소홀하지 않았다. 나 자신을 칭찬하고 싶다.

어느덧 육십 대에 접어들었다. 돌아보면 어느 한순간 쉽지 않았다. 사람 관계에서도 그랬고 경제적인 면에서도 그랬다. 빈손으로 시작하여 이만큼 살아냈으니 따져보면 하늘이 도왔다. 이정표 없는 삶을 살면서 세상이 등불이 되어줬고 길라잡이가 되어줬다.

순간적인 판단이 삶의 길을 정한다. 그 판단이 어긋남 없이 잘된 것에 감사한다. 힘듦과 기쁨이 교차되며 삶의 전환기를 맞는다. 누군가에게 삶을 빚지고 살지는 않았는지 돌아본다. 그 중심에 가족이 있고 가족이 삶의 활력소가 된다.

마음은 청춘이라 거부하지만 이젠 몸이 하는 말을 들어야 할 때가 되었나 보다. 이정표를 어디에 두어야 할지 가끔 고민도 해본다. 어떤 목표를 설정하고 다다르기 위해서는 지침서가 필요하다. 물론 혼자 갈 수도 있겠지만 길 안내가 있어 함께한다면 팍팍한 세상이 조금은 수월할 것이다. 갈림길에서 망설일 때 길 안내를 해주고 지쳐 주저앉고 싶을 때 손을 내밀어주는 누군가가 있다면 커다란 힘이 된다.

365일 시간은 누구에게나 똑같다. 주어진 시간을 어떻게 활용하느냐는 본인의 의지에 달렸다. 타인에게는 너그럽고 자신에게는 냉정해야 한다. 곳곳에서 만나는 이정표가 누구의 것만이 아니듯 우리는 각자에게 맞는 노선을 찾아내서 길잡이로 삼으면 된다.

나를 이끌고 희망이라는 피켓을 들고 달려보자. 그러면 희망이라는 바람이 나를 안내한다. 목표를 세우는 일은 쉽지만 그 목표를 위해 노력하는 일은 결코 쉽지 않다. 자의든 타의든 방해자가 있기 마련이고 힘겨운 자신과의 싸움에 지칠 때 달콤한 유혹이 온다면 뿌리치고 견디기란 매우 어렵다. 나의 가장 무서운 적은 바로 나 자신이다.

착한 거짓말이 물어다 준 행복

초판 1쇄 인쇄 _ 2021년 10월 22일
초판 1쇄 발행 _ 2021년 10월 29일
지은이 _ 글 한인숙 | 그림 박해정
펴낸이 _ 고영
디자인 _ 헤이존
펴낸곳 _ 문학의전당
출판등록 _ 제448-251002012000043호
주소 _ 충북 단양군 적성면 도곡파랑로 178
전화 _ 043-421-1977
전자우편 _ sbpoem@naver.com

ISBN 979-11-5896-534-1 03810